Developing Chinese 第二版
2nd Edition

Intermediate Reading Course

中级阅读

（II）

徐承伟 编著

Developing Chinese 第二版 2nd Edition

编写委员会

主　编：李　泉
副主编：么书君　　张　健
编　委：李　泉　　么书君　　张　健　　王淑红　　傅　由　　蔡永强

编辑委员会

主　任：戚德祥
副主任：张　健　　王亚莉　　陈维昌
成　员：戚德祥　　张　健　　苗　强　　陈维昌　　王亚莉
　　　　王　轩　　于　晶　　李　炜　　黄　英　　李　超

总前言

《发展汉语》(第二版)为普通高等教育"十一五"国家级规划教材。为保证本版编修的质量和效率,特成立教材编写委员会和教材编辑委员会。编辑委员会广泛收集全国各地使用者对初版《发展汉语》的使用意见和建议,编写委员会据此并结合近年来海内外第二语言教学新的理论和理念,以及对外汉语教学和教材理论与实践的新发展,制定了全套教材和各系列及各册教材的编写方案。编写委员会组织全体编者,对所有教材进行了全面更新。

适用对象

《发展汉语》(第二版)主要供来华学习汉语的长期进修生使用,可满足初(含零起点)、中、高各层次主干课程的教学需要。其中,初、中、高各层次的教材也可供汉语言专业本科教学选用,亦可供海内外相关的培训课程及汉语自学者选用。

结构规模

《发展汉语》(第二版)采取综合语言能力培养与专项语言技能训练相结合的外语教学及教材编写模式。全套教材分为三个层级、五个系列,即纵向分为初、中、高三个层级,横向分为综合、口语、听力、阅读、写作五个系列。其中,综合系列为主干教材,口语、听力、阅读、写作系列为配套教材。

全套教材共28册,包括:初级综合(Ⅰ、Ⅱ)、初级读写(Ⅰ、Ⅱ)、中级综合(Ⅰ、Ⅱ)、高级综合(Ⅰ、Ⅱ),初级口语(Ⅰ、Ⅱ)、中级口语(Ⅰ、Ⅱ)、高级口语(Ⅰ、Ⅱ),初级听力(Ⅰ、Ⅱ)、中级听力(Ⅰ、Ⅱ)、高级听力(Ⅰ、Ⅱ),中级阅读(Ⅰ、Ⅱ)、高级阅读(Ⅰ、Ⅱ),中级写作(Ⅰ、Ⅱ)、高级写作(Ⅰ、Ⅱ)。其中,每一册听力教材均分为"文本与答案"和"练习与活动"两本;初级读写(Ⅰ、Ⅱ)为本版补编,承担初级阅读和初级写话双重功能。

编写理念

"发展"是本套教材的核心理念。发展蕴涵由少到多、由简单到复杂、由生疏到熟练、由模仿、创造到自如运用。"发展汉语"寓意发展学习者的汉语知识,发展学习者对汉语的领悟能力,发展学习者的汉语交际能力,发展学习者的汉语学习能力,不断拓展和深化学习者对当代中国社会及历史文化的了解范围和理解能力,不断增强学习者的跨文化交际能力。

"集成、多元、创新"是本套教材的基本理念。集成即对语言要素、语言知识、文化知识以及汉语听、说、读、写能力的系统整合与综合;多元即对教学法、教学理论、教学大纲以及教学材料、训练方式和手段的兼容并包;创新即在遵循汉语作为外语或第二语言教学规律、继承既往成熟的教学经验、汲取新的教学和教材编写研究成果的基础上,对各系列教材进行整体和局部的特色设计。

教材目标

总体目标：全面发展和提高学习者的汉语语言能力、汉语交际能力、汉语综合运用能力和汉语学习兴趣、汉语学习能力。

具体目标：通过规范的汉语、汉字知识及其相关文化知识的教学，以及科学而系统的听、说、读、写等语言技能训练，全面培养和提高学习者对汉语要素（语音、汉字、词汇、语法）形式与意义的辨别和组配能力，在具体文本、语境和社会文化规约中准确接收和输出汉语信息的能力，运用汉语进行适合话语情境和语篇特征的口头和书面表达能力；借助教材内容及其教学实施，不断强化学习者汉语学习动机和自主学习的能力。

编写原则

为实现本套教材的编写理念、总体目标及具体目标，特确定如下编写原则：

（1）课文编选上，遵循第二语言教材编写的针对性、科学性、实用性、趣味性等核心原则，以便更好地提升教材的质量和水平，确保教材的示范性、可学性。

（2）内容编排上，遵循第二语言教材编写由易到难、急用先学、循序渐进、重复再现等通用原则，并特别采取"小步快走"的编写原则，避免长对话、长篇幅的课文，所有课文均有相应的字数限制，以确保教材好教易学，增强学习者的成就感。

（3）结构模式上，教材内容的编写、范文的选择和练习的设计等，总体上注重"语言结构、语言功能、交际情境、文化因素、活动任务"的融合、组配与照应；同时注重话题和场景、范文和语体的丰富性和多样化，以便全面培养学习者语言理解能力和语言交际能力。

（4）语言知识上，遵循汉语规律、汉语教学规律和汉语学习规律，广泛吸收汉语本体研究、汉语教学研究和汉语习得研究的科学成果，以确保知识呈现恰当，诠释准确。

（5）技能训练上，遵循口语、听力、阅读、写作等单项技能和综合技能训练教材的编写规律，充分凸显各自的目标和特点，同时注重听说、读说、读写等语言技能的联合训练，以便更好地发挥"综合语言能力＋专项语言技能"训练模式的优势。

（6）配套关联上，发挥系列配套教材的优势，注重同一层级不同系列平行或相邻课文之间，在话题内容、谈论角度、语体语域、词汇语法、训练内容与方式等方面的协调、照应、转换、复现、拓展与深化等，以便更好地发挥教材的集成特点，形成"共振"合力，便于学习者综合语言能力的养成。

（7）教学标准上，以现行各类大纲、标准和课程规范等为参照依据，制订各系列教材语言要素、话题内容、功能意念、情景场所、交际任务、文化项目等大纲，以增强教材的科学性、规范性和实用性。

实施重点

为体现本套教材的编写理念和编写原则，实现教材编写的总体目标和具体目标，全套教材突出了以下实施重点：

（1）系统呈现汉语实用语法、汉语基本词汇、汉字知识、常用汉字；凸显汉语语素、语段、语篇教学；重视语言要素的语用教学、语言项目的功能教学；多方面呈现汉语口语语体和书面语体的特点及其层次。

（2）课文内容、文化内容今古兼顾，以今为主，全方位展现当代中国社会生活；有针对性地融入与学习者理解和运用汉语密切相关的知识文化和交际文化，并予以恰当的诠释。

（3）探索不同语言技能的科学训练体系，突出语言技能的单项、双项和综合训练；在语言要素学习、课文读解、语言点讲练、练习活动设计、任务布置等各个环节中，突显语言能力教学和语言应用能力训练的核心地位。并通过各种练习和活动，将语言学习与语言实践、课内学习与课外习得、课堂教学与目的语环境联系起来、结合起来。

（4）采取语言要素和课文内容消化理解型练习、深化拓展型练习以及自主应用型练习相结合的训练体系。几乎所有练习的篇幅都超过该课总篇幅的一半以上，有的达到了2/3的篇幅；同时，为便于学习者准确地理解、掌握和恰当地输出，许多练习都给出了交际框架、示例、简图、图片、背景材料、任务要求等，以便更好地发挥练习的实际效用。

（5）广泛参考《汉语水平等级标准与语法等级大纲》（1996）、《汉语水平词汇与汉字等级大纲》（2001）、《高等学校外国留学生汉语言专业教学大纲》（2002）、《国际汉语教学通用课程大纲》（2008）、《欧洲语言共同参考框架：学习、教学、评估》（中译本，2008）、《新汉语水平考试大纲（HSK1-6级）》（2009-2010）等各类大纲和标准，借鉴其相关成果和理念，为语言要素层级确定和选择、语言能力要求的确定、教学话题及其内容选择、文化题材及其学习任务建构等提供依据。

（6）依据《高等学校外国留学生汉语教学大纲（长期进修）》（2002），为本套教材编写设计了词汇大纲编写软件，用来筛选、区分和确认各等级词汇，控制每课的词汇总量和超级词、超纲词数量。在实施过程中充分依据但不拘泥于"长期进修"大纲，而是参考其他各类大纲并结合语言生活实际，广泛吸收了诸如"手机、短信、邮件、上网、自助餐、超市、矿泉水、物业、春运、打工、打折、打包、酒吧、客户、密码、刷卡"等当代中国社会生活中已然十分常见的词语，以体现教材的时代性和实用性。

基本定性

《发展汉语》（第二版）是一个按照语言技能综合训练与分技能训练相结合的教学模式编写而成的大型汉语教学和学习平台。整套教材在语体和语域的多样性、语言要素和语言知识及语言技能训练的系统性和针对性，在反映当代中国丰富多彩的社会生活、展现中国文化的多元与包容等方面，都作出了新的努力和尝试。

《发展汉语》（第二版）是一套听、说、读、写与综合横向配套，初、中、高纵向延伸的、完整的大型汉语系列配套教材。全套教材在共同的编写理念、编写目标和编写原则指导下，按照统一而又有区别的要求同步编写而成。不同系列和同一系列不同层级分工合作、相互协调、纵横照应。其体制和规模在目前已出版的国际汉语教材中尚不多见。

特别感谢

感谢国家教育部将《发展汉语》（第二版）列入国家级规划教材，为我们教材编写增添了动力和责任感。感谢编写委员会、编辑委员会和所有编者高度的敬业精神、精益求精的编写态度，以及所投入的热情和精力、付出的心血与智慧。其中，编写委员会负责整套教材及各系列教材的规划、设计与编写协调，并先后召开几十次讨论会，对每册教材的课文编写、范文遴选、体例安排、注释说明、练习设计等，进行全方位的评估、讨论和审定。

感谢中国人民大学么书君教授和北京语言大学出版社张健副社长为整套教材编写作出的特别而重要的贡献。感谢北京语言大学出版社戚德祥社长对教材编写和编辑工作的有力支持。感谢关注本套教材并贡献宝贵意见的对外汉语教学界专家和全国各地的同行。

特别期待

○ 把汉语当做交际工具而不是知识体系来教、来学。坚信语言技能的训练和获得才是最根本、最重要的。

○ 鼓励自己喜欢每一本教材及每一课书。教师肯于花时间剖析教材，谋划教法。学习者肯于花时间体认、记忆并积极主动运用所学教材的内容。坚信满怀激情地教和饶有兴趣地学会带来丰厚的回馈。

○ 教师既能认真"教教材"，也能发挥才智弥补教材的局限与不足，创造性地"用教材教语言"，而不是"死教教材"、"只教教材"，并坚信教材不过是教语言的材料和工具。

○ 学习者既能认真"学教材"，也能积极主动"用教材学语言"，而不是"死学教材"、"只学教材"，并坚信掌握一种语言既需要通过课本来学习语言，也需要在社会中体验和习得语言，语言学习乃终生之大事。

李　泉

编写说明

适用对象

《发展汉语·中级阅读》(Ⅱ)与《发展汉语·中级阅读》(Ⅰ)相衔接，适合具有中级汉语水平、较好地掌握了2000-2500个常用词的汉语学习者使用。

教材目标

通过题材广泛、内容实用的书面材料的阅读训练，全面提高学习者的汉语综合阅读理解能力。具体如下：

（1）通过阅读不同题材、体裁和风格的语言材料，提高学习者辨词识句能力，初步的语段语篇理解能力以及抓主要内容、关键信息、文章大意的能力。

（2）通过多种形式的阅读，引导学习者按照实际生活中的阅读需求和阅读习惯去阅读，并在获得真实的阅读体验的同时，不断增强汉语语感。

（3）通过多样化、立体化的练习设计，培养学习者的阅读技能，提高阅读训练的针对性和有效性。

（4）通过选文、体例、练习、难度等的合理安排，降低学习者的阅读疲劳，增强学习者的阅读和活动兴趣，提高学习者的综合阅读理解能力。

特色追求

（1）培养学习者的多种阅读能力

通过细读、通读、略读和查读等不同方式，阅读每一课的5篇短文（复习课为7篇），在有限的课时内，达到一定的阅读量，真正做到"小步快走"；以完成多项阅读任务来增强阅读成就感，提高学习者的多种阅读能力。具体而言：

细读：要求学生仔细阅读，从文章整体到局部细节，从词句意义到逻辑关系，都要读懂。不但要理解字面意义，而且要学会推测、判断。一般不刻意限制阅读时间。

通读：要求学生从头到尾完整快速阅读，目的在于快速掌握文章的基本内容、重要细节、主要观点、作者态度。限时阅读。

略读：要求学生快速看懂文章大意、中心意思或某个语段的大意。不要求通篇阅读，有时甚至可以忽略某些不重要的信息。限时阅读。

查读：要求学生在资料中快速找出自己需要的信息，如文章页码、交通换乘信息、事件发生的时间地点、购物小票上的购物情况等。限时阅读。

（2）科学控制阅读材料的难度

严格限制选文长度，文章长度从200-300字逐渐过渡到400-600字（个别文章700-800字）。注重控制阅读材料的难度，教材定位充分考虑语言学习者的语言能力和阅读水平，通过控制词语等级、句式长短、内容复杂程度等降低阅读难度，使学习者轻松愉快地阅读。

（3）注重选文实用性和练习多样性

选文充分考虑内容的实用性和领域的多样性，尽量选取实用、有趣、可读性强的文章，内容以反映当代中国现实生活为主，也注意选取一些名家名篇和名段。阅读材料的语体风格多种多样，以便于学习者广泛接触汉语书面材料。以交际性练习为主，教材共有 19 种题型，每课练习形式多样，练习编排上体现前后难易梯度。

使用建议

（1）本书共 15 课，建议每课用 2 课时完成。

（2）注意区别细读、通读、略读、查读等阅读方式，合理分配时间，把握节奏，引导学习者通过不同的阅读方式完成阅读任务。

（3）为了保证教学的灵活性，教材只对略读和查读给出了参考时限，对于通读，可根据具体情况给出阅读时限，灵活处理。

（4）复习课可用于指导阶段性复习，总结各类阅读方式的学习要点，也可以作为期中考试或平时测验的材料。

特别期待

◎ 不必预习生词和课文内容，把阅读每一篇课文都当成一次限时测试。

◎ 坚信阅读时有不认识的字词和读不懂的地方是很正常的。

◎ 注意学习阅读汉语文献的技巧，阅读中积极思考，大胆推测。

◎ 课下要把每一篇阅读课文都仔细读懂。

◇ 合理控制阅读节奏，给学生适当的时间压力，按时完成每课的阅读任务。

◇ 多分析阅读方法、技巧和策略，而不必关注个别字句是否完全读懂。

◇ 多从阅读模式、篇章结构、文体特点、语篇线索等角度引导学生阅读。

◇ 有计划地补充要求细读、通读、略读或查读的"可懂"阅读材料。

《发展汉语》（第二版）编写委员会及本册编者

目录 Contents

1
- 文章一　汉语拼音与周有光　/ 1
- 文章二　马罗的上海　/ 3
- 文章三　厨师的高帽子　/ 4
- 文章四　张朝阳谈微博　/ 6
- 实用阅读　大学医院概况　/ 7

2
- 文章一　"夕"为何只有一条腿　/ 9
- 文章二　野外生存　/ 10
- 文章三　石头的启示　/ 12
- 文章四　冬至——冬天的节日　/ 13
- 实用阅读　四合院和胡同　/ 14

3
- 文章一　羊和鸭　/ 17
- 文章二　漫谈《明朝那些事儿》　/ 18
- 文章三　"汉语桥"世界大学生中文比赛　/ 20
- 文章四　神奇的纳米领带　/ 21
- 实用阅读　水立方　/ 22

4
- 文章一　台湾老兵　/ 25
- 文章二　脑筋急转弯　/ 27
- 文章三　电影《城南旧事》　/ 28
- 文章四　商　机　/ 29
- 实用阅读　小区告示栏　/ 30

5
- 文章一　阅读与思考　/ 33
- 文章二　电动车——新世纪理想的交通工具　/ 34
- 文章三　《古文观止》和语文教育　/ 36
- 文章四　事业要悄悄干　/ 37
- 实用阅读　慢赏风景——火车旅行线路　/ 38

❻　文章一　从大到小——中国人的思维方式　/ 40
　　　文章二　牙刷的历史　/ 42
　　　文章三　中国最大三姓氏　/ 43
　　　文章四　著名诗人余光中　/ 44
　　　实用阅读　京津城际列车温馨提示　/ 45

❼　文章一　我的黄色书籍　/ 47
　　　文章二　夜半惊魂　/ 48
　　　文章三　京津城际高铁真快　/ 50
　　　文章四　都是酒闹的　/ 51
　　　实用阅读　CCTV-9纪录频道　/ 52

❽　复　习
　　　文章一　"小姐"的本来面目　/ 55
　　　文章二　最方便的健身　/ 56
　　　文章三　衣食住行的变化　/ 58
　　　文章四　喝茶的学问　/ 59
　　　文章五　有机食品与标志　/ 60
　　　实用阅读　（一）招聘启事　/ 61
　　　　　　　（二）树木的医生　/ 63

❾　文章一　读《我们家的猫》　/ 65
　　　文章二　"蔬""菜"的婚礼　/ 66
　　　文章三　中式英语　/ 68
　　　文章四　藏式小旅馆　/ 69
　　　实用阅读　如何做素炒土豆丝　/ 70

❿　文章一　秀水街"秀"给你看　/ 73
　　　文章二　四大创业经济　/ 74
　　　文章三　细　节　/ 76
　　　文章四　信息综合征　/ 77
　　　实用阅读　《中国大百科全书（第二版）》出版发行　/ 78

11
- 文章一　美女与流行　/ 80
- 文章二　领子变化多　/ 81
- 文章三　误人的抱怨　/ 83
- 文章四　两文三语　/ 84
- 实用阅读　体检通知　/ 85

12
- 文章一　"孔子的房子"　/ 88
- 文章二　《西游记》与《大闹天宫》　/ 90
- 文章三　我，有一个儿子　/ 91
- 文章四　由日本地震想到的　/ 93
- 实用阅读　个人安全防护指南　/ 94

13
- 文章一　这个时代，读书到底有何用　/ 96
- 文章二　留美幼童故事　/ 97
- 文章三　798的艺术巨变　/ 99
- 文章四　"做一只音乐的虫子"——校园歌手　/ 100
- 实用阅读　警察的"凡客体"安全防范宣传单　/ 101

14
- 文章一　82岁名模——刘占增　/ 104
- 文章二　第八棵馒头柳　/ 106
- 文章三　中美两国的低碳家庭　/ 107
- 文章四　你是不是气候公民　/ 109
- 实用阅读　汉语才艺大赛海报　/ 111

15　复　习
- 文章一　梁思成的《拙匠随笔》　/ 113
- 文章二　"80后"小夫妻回归田园　/ 114
- 文章三　电脑与汉字的新生　/ 116
- 文章四　香港为什么不堵车　/ 117
- 文章五　老国货的前世今生　/ 118
- 实用阅读　（一）新HSK简介　/ 120
　　　　　（二）北京西到三亚（T201次）列车时刻表　/ 121

文章一　汉语拼音与周有光

【细读　约610字】

1949年，新中国——中华人民共和国诞生时，56个民族，有数十种方言（dialect），并且大多数人都是文盲（illiterate person）。要建设这样一个国家，没有统一的、能适应现代化需要的通用语言是不可想象的。

因此，国家很早就开始重视文字改革问题，并从全国范围内找了许多专家学者来从事这项工作。

1952年，毛泽东说，中国是一个大国，可以有自己的字母。他指示（instruct）研究制定拼音方案。精通（be proficient in）中、英、法、日四国语言的周有光，被请来负责这项工作。

周有光1906年1月出生于江苏常州，早年读大学时，主修（major）经济学，但因对语言学的爱好，他选修了语言学。

1958年2月，全国人民代表大会①通过了汉语拼音方案决议，同年秋季开始，《汉语拼音方案》作为小学生必修（compulsory）的课程进入全国小学的课堂。

如今，这位长寿的百岁老人风趣地（humorously）说："中国有句老话，叫做长命百岁。100岁是人的生命极限（limit），超过极限是有的，但那是例外（exception），我自己一不小心已身处例外了。上帝糊涂，把我忘了……不叫我回去！"周有光笑言自己"四世同球"，原来他的孙女和重外孙现居美国，他隔几天就用电子邮件跟他们联系。

他不仅头脑清醒，而且十分新潮（fashionable）：喝"星巴克"咖啡，看大片儿，一点儿也不落后于年轻人。他对自己的未来充满了信心。他说有的老人认为自己老了，活一天少一天了，而他却认为，"老不老，我不管，我是活一天多一天的。""我的生活很简单，我的天空就是这半个书房。"讲着讲着，周有光便笑出声来，像个孩子一样。

（选自人民网，作者孙杰）

① 全国人民代表大会（Quánguó Rénmín Dàibiǎo Dàhuì）：NPC（National People's Congress）

一、根据文章内容选择填空，完成概要重述。

A. 新中国成立时
B. 精通四国语言
C. 1958年2月
D. 他选修了语言学
E. 从事这项工作

1949年，___1___，没有统一的、能适应现代化需要的通用语言。对于文字改革问题，国家很重视，从全国找了许多专家学者来___2___。

___3___的周有光，被请来负责这项工作。周有光早年读大学时主修经济学，因对语言学的爱好，___4___。

___5___，正式通过了汉语拼音方案决议。

二、根据文章内容判断正误。（正确的画"√"，错误的画"×"）

1. 中国有56种方言。（   ）
2. 新中国成立时少数人是文盲。（   ）
3. 毛泽东制定了《汉语拼音方案》。（   ）
4. 上大学时周有光主修经济学。（   ）
5. 1958年通过了汉语拼音方案决议。（   ）
6. 《汉语拼音方案》是小学生的必修课程。（   ）
7. 周有光已经100多岁了，所以身体很不好。（   ）
8. 周有光年纪老，思想也很老。（   ）
9. 周有光认为自己剩下的时间不多了。（   ）

三、根据文章内容选择正确答案。（从ＡＢＣＤ四个选项中选择一个最佳答案）

1. 中华人民共和国诞生时，需要统一的通用语言，是因为：（   ）
   A. 中国那时没有完全统一　　B. 中国的民族太多
   C. 要适应现代化建设的需要　D. 当时大多数人不认字

2. 毛泽东指示研究制定拼音方案，说明：（   ）
   A. 国家重视文字改革工作　　B. 国家重视专家学者
   C. 国家重视语言研究工作　　D. 文字工作影响改革

3. 周有光精通的外语中，不包括：（   ）
   A. 日文　　　B. 英文　　　C. 法文　　　D. 中文

4. 《汉语拼音方案》作为小学生课程进入全国小学的课堂是在：（   ）
   A. 1949年　　B. 1952年　　C. 1958年2月　　D. 1958年秋季

5. 下面哪个词可以说明周有光的性格？（   ）
   A. 长寿　　　B. 风趣　　　C. 新潮　　　D. 爱好

四、回答问题。

1. "我自己一不小心已身处例外了"，这句话是什么意思？

2. "周有光笑言自己'四世同球'",请解释这句话的含义。

文章二　马罗的上海

【通读　约580字】

上海越来越美丽了。工作在上海,成为欧洲年轻人的一种选择。生活在上海,他们觉得是一种享受。昨天夜晚,记者在上海有名的外滩啤酒屋,遇到一个欧洲人马罗,他对上海的喜爱令人感动。

马罗是意大利米兰人,32岁了,像一个顽皮(naughty)的孩子。他到上海快一年了,在上海的一家英文杂志社工作。马罗是他的中文名字。他有很多爱好:读书,交朋友,听音乐。当然,从米兰来的他,更喜欢足球,自己也会踢。说到足球,他的话马上就多起来了。

对于上海丰富多彩的夜生活,他赞不绝口①,这里良好的治安②情况,也让他感到很安全。"生活在上海是一种享受。"马罗告诉记者,他喜欢上海,喜欢外滩,几乎每周一次,要来外滩喝德国鲜啤酒,他觉得那种啤酒有家乡风味(flavor),而散步在外滩,能感受到夜上海的美丽。

现在,马罗更是高兴得不想回家了,因为他正在和一个上海姑娘谈恋爱。女朋友很独立,从来不花他的钱。出来吃饭,他和女朋友都是AA制。女朋友是从意大利留学回上海的,养成了西方人吃饭自己结账(pay a bill)的习惯。刚开始,马罗不适应,后来没办法,也就听女朋友的意见了。不过马罗在饭店里先买单,回家后女朋友再把钱给他。

记者问马罗,我们一直让你喝酒,你怎么不对我们也这样说"请喝酒"?马罗一听,笑了,说,我们是开始说一句,结束再说一句,中间自己随便吧。

是啊,我们喜欢劝客人吃,常常举杯请客人喝酒,他们并不在意这些,这就是风俗习惯不同。

① 赞不绝口(zàn bù jué kǒu): be full of praise
② 治安(zhì'ān): public security

一、根据文章内容选择正确答案。(从ＡＢＣＤ四个选项中选择一个最佳答案)

1. 欧洲年轻人生活在上海,他们觉得是一种:(　　)
   A. 享受　　　　B. 快乐　　　　C. 幸福　　　　D. 满足

2. 马罗在上海干什么？（   ）
   A. 学习汉语　　　B. 工作和生活　　　C. 打短工　　　D. 做图书生意
3. 以下哪句话不正确？（   ）
   A. 马罗喜欢上海　　　　　　　　B. 马罗喜欢外滩
   C. 马罗喜欢喝现酿鲜啤　　　　　D. 马罗想念家乡
4. 马罗和女朋友一起吃饭，都是：（   ）
   A. 女朋友花钱　　　B. 马罗花钱　　　C. AA制　　　D. 免费吃

二、根据文章内容判断正误。

（正确的画"√"，错误的画"×"，文中没有提到的画"○"）

1. 记者以前认识欧洲人马罗。　　　　　　　　（   ）
2. 马罗32岁以前没有女朋友。　　　　　　　　（   ）
3. 马罗在上海的一家英文杂志社工作。　　　　（   ）
4. 马罗和女朋友是在外滩认识的。　　　　　　（   ）
5. 意大利人喝酒的习惯和中国人有一点儿不同。（   ）

三、文章中哪些句子可以说明马罗喜欢上海？请找出来写在下面。

_____
_____
_____
_____

文章三　厨师①的高帽子

① 厨师（chúshī）：cook, chef
专门做饭的人

【通读　约450字】

　　[1] 在饭店、餐馆里，每个厨师都戴有一顶白颜色的高帽子，齐刷刷的，整齐干净。厨师为什么要戴帽子呢？为什么帽子又是这么高呢？这里有一段十分有趣的故事。

　　[2] 200多年以前，有一个著名餐馆的高级厨师，性格开朗，还很幽默②。一天晚上，他看见餐馆里有位顾客（customer），头上戴了一顶白色高帽，样子新奇（new and novel），引起整个餐馆人的注意，便立即也买来一顶高白帽，而且比那位顾客的还高出许多。他戴着这顶白色高帽，十分得意，在厨房里进进出出，果然引起所有顾客的注意。很多人感到新鲜好奇，都赶来这家餐馆吃饭。这件事成为轰动一时③的新闻，使餐馆的生意越来越红火。

② 幽默（yōumò）：humorous

③ 轰动一时（hōngdòng yì shí）：make a great furore

[3] 后来，许多餐馆的老板都注意到了这顶白色高帽的吸引力，也学着这样，为自己的厨师买来同样的白高帽。时间长了，这白色高帽便成了厨师的一种标志（symbol）。到现在，世界各地几乎（almost）所有的厨师，都戴上了这种白色的帽子。白色高帽便成了厨师表示食品卫生的工作帽。

[4] 现在，戴白高帽是厨师的象征④，帽子的高和低，表明厨师级别（rank）的高和低，帽子越高，说明厨师的级别越高，他的水平就越高。

④ 象征（xiàngzhēng）：token

一、根据文章内容选择正确答案。（从ＡＢＣＤ四个选项中选择一个最佳答案）

1. 哪里的工作人员戴有一顶白颜色的高帽子？（　　）
   A. 饭店里　　　　　　　　　　B. 餐馆里
   C. 饭店和餐馆里　　　　　　　D. 医院里

2. 第一顶厨师的白色高帽出现在：（　　）
   A. 200多年以前　　　　　　　B. 100多年以前
   C. 2000多年以前　　　　　　 D. 500多年以前

3. 发明高帽子的高级厨师：（　　）
   A. 性格开朗　　　　　　　　　B. 幽默风趣
   C. 很奇怪　　　　　　　　　　D. 爱出风头

4. 厨师戴白色高帽的目的是：（　　）
   A. 引起顾客的注意　　　　　　B. 使人感到新鲜好奇
   C. 使人兴奋　　　　　　　　　D. 吸引顾客来吃饭

5. 现在，白色高帽成了：（　　）
   A. 厨师的装饰帽　　　　　　　B. 厨师的特色帽
   C. 厨师的休息帽　　　　　　　D. 厨师的等级帽

6. 对于厨师来说，帽子：（　　）
   A. 越高级别越高　　　　　　　B. 越低越好
   C. 越高越好看　　　　　　　　D. 越低越方便

二、根据文章第[2]段内容填空。

200多年以前，有一个著名餐馆的高级厨师，性格开朗活泼，＿＿＿＿＿很幽默。一天晚上，他看见餐厅里有位顾客头上戴了一顶白色高帽，样子新奇，引起整个餐馆人的注意。他立即也买来了一顶高白帽，＿＿＿＿＿比那位顾客的还高出许多。他戴着这顶白色高帽，十分得意，在厨房里进进出出，＿＿＿＿＿引起所有顾客的注意。很多人感到新鲜好奇，＿＿＿＿＿赶来这间餐馆吃饭，使餐馆的生意越来越红火。

文章四　张朝阳①谈微博

① 张朝阳（Zhāng Cháoyáng）：搜狐（SOHU）公司创办人。搜狐目前是中文世界最强劲的互联网品牌之一

【略读　约460字　参考时间：6分钟】

当代互联网有了一个重要发展，那就是微博的流行。

微博，使我与世界的沟通，变成了一个不间断（interrupted）的信息流。我是什么样，我怎么想，以非常密切的方式，向我的粉丝（fans）传达。我随时随地发言、表达，包括心情、样子，也不断地获得粉丝们给我的喜悦（happiness）。在这个场合，一切都不用多说，you know what I mean。我们只需要会心一笑，我们之间的理解从来没有如此全面，如此仔细……

可以想象，未来全人类都可能出现在微博上，全人类如同一个大脑上的数十亿个神经元（neuron），沟通的速度飞快，人们思想的配合（coordinate）从来没有如此好。

当然，微博绝不是微型博客。博客是以人为中心的，每个人有一个地盘（zone），你必须串门到别人地盘上，才能看到别人的东西。而微博，是通过固定（fixed）的关注——粉丝关系，把人联系起来，实现了开放的传播。每个人不需要去别处，在自己的微博上，就能了解朋友和天下的事情。

微博，实现了人们所说的"六度空间理论"，即地球上的任何两个人，通过六次关联（connection），就一定能联系上。所以，微博与论坛（forum）、博客的不同，在于它的开放性、传播的爆炸性（explosibility）。

（选自搜狐财经，作者张朝阳）

根据文章内容选择正确答案。（从ＡＢＣＤ四个选项中选择一个最佳答案）

1. 文章的主要内容是介绍：（　　）
　A. 六度空间理论　　　　B. 微博的价值和作用
　C. 微型博客　　　　　　D. 什么是互联网

2. 张朝阳认为，是什么使人类的思想联系得这么密切？（　　）
　A. 互联网　　　　　　　B. 微博
　C. 博客　　　　　　　　D. 地球

3. 根据文章，下面哪一项不是微博的特点？（　　）
　A. 秘密性　　　　　　　B. 方便性
　C. 开放性　　　　　　　D. 爆炸性

大学医院概况

【查读 约330字 参考时间：8分钟】

医院在大学北部，占地面积3000平方米，床位40张。

全科医生14人，保健医生2人。

医院临床科室设有：内科、外科、全科医学科、中医科、儿科、传染科、心理咨询科、口腔科、眼科、耳鼻喉科、妇产科、职工学生保健科、计划免疫科、妇幼保健科、综合病房和护理部。

医技科室和其他专业科室有：化验科、放射科、针灸科、理疗科、B超室、心电图室、注射室、换药室、治疗室、手术室、供应室及中西药房。

服务方式为：门诊、24小时急诊、住院和社区服务。

医院门诊与住院报销时间

时　　间	人员类别
星期一　8:00-11:00	高干人员门诊（享受医疗照顾人员）
星期二　8:00-11:00	住院
星期三　8:00-11:00	一般人员门诊（在职、离休、退休人员，学生）
星期四　8:00-11:00	一般人员门诊（在职、离休、退休人员，学生）
星期五　8:00-11:00	一般人员门诊（在职、离休、退休人员，学生）

根据文章内容填空。

1. 医院在_____。
2. 夜间生病可以看_____。
3. 学生看病一般时间是_____。

中级阅读 Ⅱ　Intermediate Reading Course Ⅱ

日积月累

（从本课中找出5-8个你觉得有用的词语或句子）

2 文章一 "🧒"为何只有一条腿

【细读：约480字】

希腊（Greece）神话中有一个人面狮①身的东西，名叫斯芬克斯（Sphinx）。他坐在城外的山上，要过路的人猜谜语②，猜不出来，就要被他吃掉。谜语是：什么东西早晨四条腿，中午两条腿，晚上三条腿？

后来，终于有一个人猜中③了这个谜语，这就是俄狄浦斯（Oedipus）。他说：这是人呀！在生命的早晨，人还是个孩子，用两手、两脚在地上走；在生命的中午，人长大了，用两只脚走路；到了老年，只能用拐杖④帮助自己。四条腿，两条腿，三条腿，生动地说明了人的一生。

在汉字中，表示孩子的"子"字最早写成"🧒"。这个字开始有多种写法，有的连头发都一根根地画了出来，但后来都写成一种写法——"🧒"。

一眼看去，这就是婴儿的一幅画：大大的脑袋，挥动的双臂⑤，下面是一条可爱的小腿。我们都知道，孩子和大人一样，有两条腿，可汉字的"子"怎么只有一条腿呢？

原来，这里有汉字的智慧⑥。婴儿虽然和大人一样有两条腿，但并不能随便活动，其实和一条腿一样。再说，婴儿在襁褓⑦之中，两条腿被包成了一条腿。所以，"子"字的这种写法，巧妙⑧地显示出了婴儿的特征。

西方的孩子四条腿，中国的孩子一条腿，从不同的方面看问题，这也是中西文化的差别。

（选自简卫山文章）

① 狮（shī）：lion
② 谜语（míyǔ）：riddle

③ 猜中（cāizhòng）：guess correctly

④ 拐杖（guǎizhàng）：walking stick

⑤ 臂（bì）：arm

⑥ 智慧（zhìhuì）：wisdom
⑦ 襁褓（qiǎngbǎo）：swaddling clothes 包婴儿的布包
⑧ 巧妙（qiǎomiào）：ingenious

一、根据文章内容判断正误。（正确的画"√"，错误的画"×"）

1. 俄狄浦斯知道谜语的答案，他被吃掉了。　　　　　　　　（　　）
2. 谜语用四条腿、两条腿、三条腿来说明人的一生不同的时期。（　　）
3. 在汉字中，"子"字一开始有多种写法。　　　　　　　　　（　　）
4. 中国人以前习惯把婴儿用布包起来。　　　　　　　　　　（　　）
5. 婴儿的两条腿不能自由活动。　　　　　　　　　　　　　（　　）

二、将下面的四个选项填入下文中适当的画横线位置上。

A. 大大的脑袋
B. 和一条腿一样
C. 下面是一条可爱的小腿
D. 婴儿的特征

从生理角度来说，孩子和大人一样有两条腿，但是汉字的"孑"怎么只有一条腿呢？一眼看去，"孑"好像是婴儿的一幅画：___1___，挥动的双臂，___2___。这种写法有汉字的智慧，因为婴儿虽然有两条腿，但并不能自由活动，在襁褓中的婴儿，两条腿被包在一起，___3___。所以，"孑"字的这种写法，巧妙地表现出了___4___。

三、根据文章内容把左右两边有关系的句子连线。

人面狮身的怪物　　　　　　　俄狄浦斯

西方的孩子四条腿　　　　　　希腊神话的谜语

中国的孩子一条腿　　　　　　"孑"字的写法

四、根据文章内容填空。

我们都知道，孩子和大人一样，有两条腿，可汉字的"子"怎么只有一条腿呢？_____，这里有汉字的智慧。婴儿_____和大人一样有两条腿，_____并不能随便活动，_____和一条腿一样。_____，婴儿在襁褓之中，两条腿被包成了一条腿。_____，"子"字的这种写法，巧妙地显示出了婴儿的特征。

文章二　野外生存①

① 生存（shēngcún）：survive 活下来

【通读　约480字】

"野外生存"作为一种新的休闲②方式，已经悄悄地在一些追求时尚的大城市中，特别是年轻人中间流行起来。

近年来，野外生存俱乐部在不少城市，比如上海、北京等城市不断出现，各种野外用品专卖店也多了起来，这使"野外生存"成为最流行的休闲方式之一。

野外生存，既和单纯（simple, pure）的体育训练不同，也和一般的郊外旅游不同。它是到山路不平、人们很少去的荒野、树林中去，队员自己带行李、食品和水等，通过走路、爬山、过水、野外生活等课程的训练，锻炼人的身体、心理承受（bear）能力，与别人的合作能力。它要求队员之间要有高度的信任与合作。

在北京，野外生存活动选择的地点，已经开始从京郊的旅游景区逐渐移到更加偏僻③的荒山野岭。参加活动者，没有旅行就是随便玩儿玩儿的心态，而是想真正感受野外生存的艰苦（hard）。

野外生存，一般都是利用周末进行。让已经远离自然、长期住在城市的人们，重新回到大自然，在各种环境下，重新适应并学习一些在野外生存的技能（skill）。

② 休闲（xiūxián）：to spend or enjoy leisure time　放松休息

③ 偏僻（piānpì）：remote

第 2 课

野外生存，曾被称为"苦休闲"、"花钱买罪受"。但它给人带来新的感受——全面的身体放松、训练野外生存能力、体会人与人之间互相帮助的快乐。这是其他休闲活动无法相比的。

一、根据文章内容判断正误。（正确的画"√"，错误的画"×"）

1. "野外生存"是年轻人的休闲方式。　　　　　　　　　　　（　　）
2. 野外生存不同于一般的郊外旅游。　　　　　　　　　　　（　　）
3. 在北京，野外生存活动所选择的地点是京郊的旅游景区。（　　）
4. 野外生存大都是利用假日进行。　　　　　　　　　　　　（　　）
5. 野外生存又被称为"苦休闲"、"花钱买罪受"。　　　　　　（　　）
6. 野外生存给人带来的感受与其他休闲活动差不多。　　　（　　）

二、根据文章内容选择正确答案。（从ＡＢＣＤ四个选项中选择一个最佳答案）

1. "野外生存"作为一种新的休闲方式，已经悄悄地：（　　）
   A. 在北京流行起来
   B. 在上海流行起来
   C. 在中国各地流行起来
   D. 在城市年轻人中间流行起来

2. "野外生存"是到哪儿去活动？（　　）
   A. 山道　　　　B. 荒野　　　　C. 丛林　　　　D. 以上各项

3. "野外生存"要求队员之间：（　　）
   A. 要有高度的信任与合作
   B. 要共同生活
   C. 要在荒山野岭互相认识
   D. 要互相帮忙

4. 下面哪一项不是"野外生存"给人带来的感受？（　　）
   A. 全面的身心放松
   B. 训练野外生存能力
   C. 体会人与人之间互助的快乐
   D. 身体遭受很多痛苦

三、根据文章内容排序。

1. 野外生存俱乐部在不少城市不断涌现
2. 各种野外用具专卖店也多了起来
3. 尤其是上海、北京等大中城市
4. "野外生存"作为一种新的休闲方式，悄悄地在都市年轻人中间流行起来

5. 野外生存大都是利用周末进行
6. 让已经远离自然、久居都市的人们
7. 并学习一些在野外生存的相关技能
8. 重新体验在大自然各种环境下生存的感受

正确顺序是：_____

文章三　石头的启示①

① 启示（qǐshì）：revelation

【通读　约510字】

　　我刚住到这个农场时，那块石头就在院子一角。石头样子挺难看，有一头猪大小。一次，我在农场干活儿，撞在那石头上，碰破了我的腿。我对丈夫说："咱们把它挖出来，行不行？""不行，那块石头早就埋在那儿了。"爷爷也说："听说，底下埋得深着哪。自从50年前，家就住在这里，谁也没能把它弄出来。"就这样，石头留了下来。

　　我的孩子出生了，长大了，独立了。爷爷去世了，后来，我丈夫也去世了。

　　现在我看着这院子，发现院角那儿怎么也不顺眼，就因为那块石头，周围长着一堆草，像是绿草地上的一堆垃圾。

　　我拿出工具，鼓起精神，打算干上一天，无论如何，也要把石头挖出来。谁知我刚一伸手，那石头就起出来了，不过埋得一尺②深，下面比上面也就宽六寸③左右。

② 尺（chǐ）：a unit of length（=1/3 meter）长度单位
③ 寸（cùn）：a unit of length（=1/3 decimeter）长度单位

　　我把它弄松动，然后搬到手推车上。这使我惊奇不已，那石头立在地上时间太长了，超过人们的记忆，每个人都相信，前辈人曾试着搬走它，但都没有办法。只是因为这石头看起来很大，看起来好像埋（bury）得很深，人们就觉得它不能动摇（shake）。

　　那石头给了我启示，我反倒不愿意把它扔掉。我将它放在院中很容易看到的地方，并在周围种了长春花。在我这片小风景地中，它告诉人们：不让我们去发现、去创造的，仅仅是我们心理上和头脑中的石头。

一、根据文章内容判断正误。（正确的画"√"，错误的画"×"）

1. 农场里有一头猪。　　　　　　　　　　　　（　）
2. 那块石头碰破了"我"的腿。　　　　　　　（　）
3. 爷爷和丈夫也想把它挖出来。　　　　　　　（　）
4. 时间过去很久以后，"我"把它挖出来了。　（　）
5. 石头埋得并不深。　　　　　　　　　　　　（　）

6. 石头给了"我"启示。　　　　　　　　　(　　)
7. 最后"我"扔掉了石头。　　　　　　　　(　　)

二、根据文章内容填空。

1. 我＿＿＿起精神，打算＿＿＿＿上一天，无论如何也要把石头＿＿＿＿出来。
2. 我把它＿＿＿松动，然后＿＿＿＿到手推车上。
3. ＿＿＿这石头看起来很大，＿＿＿＿好像埋得很深，人们＿＿＿＿觉得它不能动摇。
4. 不让我们去发现、去创造的，＿＿＿＿我们心理上和头脑中的石头。

文章四　冬至——冬天的节日

【略读　约500字　参考时间：7分钟】

　　冬至，是中国农历中一个非常重要的节气，也是一个传统节日。时间在每年的12月22日或者23日。

　　冬至，是北半球全年中白天最短、黑夜最长的一天。冬至过后，各地气候都进入最寒冷的阶段，也就是人们常说的"进九"。中国民间有这样的说法："冷在三九，热在三伏。"

　　另外，民间习俗，以冬至日的天气好坏和冬至日到来的先后来预测①以后的天气。俗语说："冬至在月头，要冷在年底；冬至在月尾，要冷在正月；冬至在月中，无雪也没霜。"这是根据冬至日到来的早晚，预测寒流（cold current）到来的早晚。

　　还有俗语说："冬至黑，过年疏；冬至疏，过年黑。"意思是，冬至这天，如果没有太阳，那么过年那天一定晴天。反之，如果冬至放晴，过年那天就会下雨或下雪。

　　冬至是一个内容丰富的节日。在远古的周代，冬至是新年元旦，是个很热闹的日子。在今天江南一带，仍保留着"吃了冬至夜饭长一岁"的说法，俗称"添岁（tiān suì）"。

　　冬至来到，人们要开始面对"数九寒天"。数九的风俗，就从这里产生。民间有"九九歌"：

　　一九、二九不出手；
　　三九、四九冰上走；
　　五九、六九沿河看柳；
　　七九河开，
　　八九雁②来；

① 预测（yùcè）：forecast

② 雁（yàn）：wild goose

③ 耕牛（gēngniú）: farm cattle

九九加一九，

耕牛③遍地走。

但人们相信：冬至到了，春天就不远了。数完九九八十一天，便是一片春光好。

一、根据文章内容判断正误。（正确的画"√"，错误的画"×"）

1. 冬至时间在每年农历12月22日或者23日。　　　　　　　　　（　　）
2. 冬至是北半球全年中白天最短、黑夜最长的一天。　　　　　（　　）
3. 中国民间有"冷在三伏，热在三九"的说法。　　　　　　　（　　）
4. 冬至日的天气好坏与到来的时间先后有关。　　　　　　　　（　　）
5. 冬至这天如果没有太阳，那么过年那天一定晴天。　　　　　（　　）
6. 冬至这天在历史上的周代是新年元旦。　　　　　　　　　　（　　）
7. "数九寒天"就是数过九九八十一天，冬天就过去了。　　　（　　）

二、根据文章内容解释"九九歌"的含义。

一九、二九不出手：第一个九天、第二个九天期间，人的手感觉_____。

三九、四九冰上走：第三个九天、第四个九天期间，人们可以_____。

五九、六九沿河看柳：第五个九天、第六个九天期间，发现_____。

七九河开：第七个九天期间，河水_____。

八九雁来：第八个九天期间，_____从南方_____。

九九加一九，耕牛遍地走：第九、第十个九天期间，农民开始_____。

四合院和胡同

【查读　约360字　参考时间：8分钟】

北京四合院，是老北京人世代居住的主要建筑形式，有深刻的文化内涵（connotation）。元代时，四合院就出现了。明清以来，北京四合院已经形成，后来不断完善，形成了我们今天见到的四合院。

为什么叫"四合院"呢？因为，它有正房（北房）、倒座（南座）、东厢房和西厢房，四座房屋四面围合，形成一个口字形，里面是一个中心庭院，所

第 2 课

以被称为四合院。

　　胡同是老北京街巷（streets and lanes）的总称。1267年，元朝在北京建元大都，胡同形成。人们说："有名胡同三百六，无名胡同像牛毛。"

　　北京的胡同名称，每一个都有独特的来历。每条胡同大不相同，如最窄的胡同——钱市胡同，中间最窄处只有40厘米；最宽的胡同——灵境胡同，最宽处32.18米；弯（curve）最多的胡同——九湾胡同；最古老的胡同——砖塔胡同等。

　　胡同、四合院，是北京的古文化。如今，那些弯弯的胡同和青砖碧瓦[①]的四合院，也坐上了现代快车，有了现代气息。

[①] 青砖碧瓦（qīng zhuān bì wǎ）：blue brick and green glazed tile

根据文章内容填空。

1. "四合院"有_____。
2. 北京最窄的胡同叫_____。
3. 最宽的胡同叫_____。

日积月累

（从本课中找出5-8个你觉得有用的词语或句子）

3 文章一　羊和鸭

【细读　约470字】

有一次，我画一个人牵①两只羊，画了两根绳子。有一位先生教我："绳子只要画一根。牵了一只羊，后面的都会跟来。"

我一下子明白了，自己生活经验太少。后来注意观察，果然看见：前头牵了一只羊走，后面十几只都会跟着它走。不管是去哪里，没有一只羊离开羊群。

后来，看见鸭（yā）也这样。赶（drive）鸭的人把几百只鸭放到河里，不用绳子连在一起，群鸭自然地跟着，走在一块儿。上岸②的时候，赶鸭的人只要赶上一两只，其余的都会跟着上岸。不论是在港口③，还是在小小的河湾，没有一只鸭离开鸭群，走自己的路。

放羊的和赶鸭的人，就利用④它们这种特点，完成他们的工作。

一位专门买卖羊的朋友，跟我谈起关于羊的事。他有一只不杀的老羊，因为它很有用处。他在乡村买的羊，要装进船里，运到上海。群羊常常不愿意走上船去，他就把这只老羊牵出来，老羊向群羊叫几声，走到河边上一跳，跳进船中。群羊看见老羊上船了，就都学习它的样子，一个一个地跳进船里去。等一群羊全部上船以后，他又把老羊牵上岸来，仍然送回羊圈。每次装羊，必须请这只老羊帮忙。

老羊因为有这个用处，活了很长时间。

（选自丰子恺文章）

① 牵（qiān）：pull, lead

② 上岸（shàng àn）：go ashore
③ 港口（gǎngkǒu）：harbor

④ 利用（lìyòng）：take advantage of

一、根据文章内容选择填空，完成概要重述。

A. 只要赶上一两只
B. 这种习性
C. 没有一只鸭肯离开鸭群，走自己的路
D. 画了两根绳子
E. 不必用绳子连在一起

我以前没有生活经验，画羊的时候，我画一个人牵两只羊，___1___。有一位先生教我："绳子只要画一根。牵了一只羊，后面的都会跟来。"

后来，看见鸭也如此。赶鸭的人把几百只鸭放到河里，___2___，群鸭自然地能互相追随，跟在一块儿。上岸的时候，赶鸭的人___3___，其余的都会跟着上岸。无论是在港口，还是在小小的

17

河湾，__4__。放羊的和赶鸭的就利用它们__5__，完成他们的工作。那只老羊没有被杀，是因为想让群羊跟着它学。其实老羊本身没有这样坏，而是人利用了它。

二、根据文章内容判断正误。（正确的画"√"，错误的画"×"）

1. "我"画一个人牵两只羊，画了一根绳子。　　　　　　　　（　　）
2. 一位先生教"我"：绳子只要画两根。　　　　　　　　　　（　　）
3. 前头牵了一只羊走，后面十几只就会跟着。　　　　　　　（　　）
4. 赶鸭的人只要赶上一两只，其余的都会跟着上岸。　　　　（　　）
5. 放羊的和赶鸭的就利用它们这种习性，完成他们自己的工作。（　　）
6. 那只老羊因为老，保全了自己的性命。　　　　　　　　　（　　）

三、根据文章内容选择正确答案。（从ＡＢＣＤ四个选项中选择一个最佳答案）

1. "放羊"和"赶鸭"中的"放"和"赶"的意思可以理解为：（　　）
   A. 管理　　　　B. 保护　　　　C. 追跑　　　　D. 买卖

2. 作者开始画羊画得不对，是因为：（　　）
   A. 不会画　　　　　　　　　B. 没有知识
   C. 不知道羊的特点　　　　　D. 先生教错了

3. 鸭子会学习领头鸭子的样子，是因为：（　　）
   A. 跟羊学的　　　　　　　　B. 自然本性
   C. 跟人学的　　　　　　　　D. 人赶的

4. 根据文章，最聪明的应该是：（　　）
   A. 动物　　　　B. 人类　　　　C. 那位先生　　　　D. "我"的朋友

文章二　漫谈《明朝那些事儿》

【通读　约550字】

《明朝那些事儿》最早出现在天涯网的一个论坛上，作者当年明月是一个小职员。他认为，"历史也可以写得很好看"。他用通俗易懂的语言，完整地讲述了明朝三百多年的历史。

该书属于网络文学（network literature），当然也是草根文学①。全书一共七部，它说的史实和许多细节，直接来源于《明史》，基本完全尊重历史事实。

虽然该书不能算是学术（academic）著作，但绝对是普及历史、大众化的经典著作。作者的语言十分幽默（humorous），还运用了许多现代化的形象类比（analogy）。例

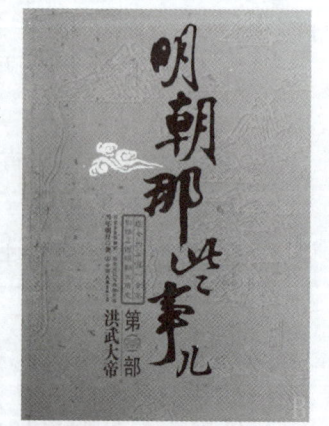

① 草根文学（cǎogēn wénxué）：grassroots literature

如:"这个房地产工程自然交给工部办理。本来,皇帝的工程应该加紧办,可是赵部长的脑袋不知道是不是撞了柱子,竟然对此不理不问,放任自流②,结果一幢房子好几个月没有成型,成烂尾楼③了。"结合现实讲历史,清楚又明白。

② 放任自流(fàngrèn zìliú): let things drift, let people do as they like
③ 烂尾楼(lànwěi lóu): unfinished building

《明朝那些事儿》用白话文第一次正说了明朝三百多年的历史,给出了写史的另一种思维(thought),即写大众化的历史、好看的历史。虽然人们喜欢《三国演义》,它讲的也是历史,但是写法却是小说,有许多虚构(fabricate)成分。《明朝那些事儿》虽然不是历史学术著作,它说的却都是正史,是史实。

我喜欢历史,更喜欢通俗易懂的历史,而不是那些艰深(abstruse)的学术著作,那些我们看不懂,毕竟(after all)我们只是业余爱好者,而不是专业人士。

以前,我最喜欢的是唐史,汉代历史也多有了解。可现在,这本书却让我爱上了明朝。这就是它的力量。

一、为下列词语选择正确的解释。

1. 小职员(　　)　　　　A. 大众文学
2. 通俗易懂(　　)　　　B. 不真实
3. 草根文学(　　)　　　C. 地位不高的工作人员
4. 虚构(　　)　　　　　D. 简单明白,容易理解
5. 放任自流(　　)　　　E. 不理不问、不关心

二、根据文章内容选择正确答案。(从ＡＢＣＤ四个选项中选择一个最佳答案)

1. 《明朝那些事儿》的作者是:(　　)
   A. 当年　　　　　　　B. 当年明月
   C. 明月　　　　　　　D. 没有说

2. 《明朝那些事儿》这本书,不属于:(　　)
   A. 网络文学　　　　　B. 学术著作
   C. 草根文学　　　　　D. 通俗文学

3. 《明朝那些事儿》的史实来自于:(　　)
   A. 唐史　　　　　　　B. 明史
   C. 虚构　　　　　　　D.《三国演义》

4. "我"爱上了明朝,是因为:(　　)
   A. "我"以前就喜欢历史　　B. "我"喜欢作者这个人
   C. "我"看不懂学术著作　　D. "我"喜欢《明朝那些事儿》

三、根据文章内容解释一下"正史"一词的含义。

_____
_____

文章三 "汉语桥"世界大学生中文比赛

【通读 约420字】

[1] "汉语桥"世界大学生中文比赛内容包括：汉语语言能力、中国国情知识和中国文化技能。

[2] 选手（contestant）首先在自己的国家参加预赛①，每个赛区的优胜者（winner）来中国参加决赛。以"奥运、快乐、汉语"为主要内容的第七届"汉语桥"比赛在湖南卫视举行。

[3] 湖南卫视派出"海搜②小组"走出国门，完成了美国、日本、韩国、法国、德国、南非、泰国、澳大利亚8个国家的海搜比赛。采访了近百名外国选手，访问了20多所各国高校和各个使馆的大使（ambassador）、领事（consul）等官员，对汉语推广在当地的开展情况作了详细的拍摄。

[4] 这次海搜不仅详细生动地记录了"汉语桥"第一阶段比赛的过程，还总结出汉语在海外流行、形成"汉语热"的原因。

[5] 进入第二阶段比赛的一百多名选手，分别去了西安、杭州、张家界三个城市，进行文化体验（experience），了解当地历史和民俗民风。这不仅是游山玩水，也是考试的一部分。

[6] "汉语桥"世界大学生中文比赛，已成为各国大学生学习汉语、了解中国的重要平台，在中国与世界各国青年中间架起了一座友好交流的桥梁。

① 预赛（yùsài）：preliminary contest

② 海搜（hǎi sōu）：large-scale search 大范围搜集

一、将下列选项填入下文中适当的画横线位置上。

A. 应邀来华参加决赛
B. "海搜小组"
C. 中国文化技能
D. 也是考试的一部分
E. 深挖出汉语在海外风靡，形成"汉语热"的根源所在
F. 之后

"汉语桥"世界大学生中文比赛内容包括：汉语语言能力、中国国情知识和 __1__ 。选手们首先在各自国家参加预赛，每个赛区的优胜者 __2__ 。

第七届"汉语桥"比赛由湖南卫视承办。湖南卫视派出 __3__ 走出国门，完成了8个国家的海搜比赛，对汉语推广在当地的开展情况作了详尽的拍摄。

此次海搜不仅详细生动地记录了"汉语桥"初赛的过程，还 __4__ 。

__5__ ，进入复赛阶段的一百多名选手，分别去往西安、杭州、张家界三个城市进行文化体验。这不仅仅是游山玩水， __6__ 。

二、根据文章内容选择正确答案。（从ＡＢＣＤ四个选项中选择一个最佳答案）

1. "汉语桥"中文比赛内容不包括：（　　）
   A. 汉语语言能力　　　　B. 中国国情知识
   C. 中国文化技能　　　　D. 生活常识与技能

2. 第［3］段"海搜小组"中"海搜"的意思是：（　　）
   A. 在海上搜索　　　　B. 去海洋国家搜索
   C. 广泛寻找　　　　　D. 在船上搜索

3. 关于湖南卫视的"海搜小组"，下面哪种说法不正确？（　　）
   A. 走访了20多所各国高校
   B. 访问了各个驻外使馆的大使、领事等官员
   C. 对汉语推广在当地的开展情况作了详尽的拍摄
   D. 拍摄了近百名外籍选手的家人

4. 作者认为"汉语桥"世界大学生中文比赛：（　　）
   A. 很不重要　　　　B. 非常有意义
   C. 有趣　　　　　　D. 无聊

文章四　神奇的纳米①领带

① 纳米（nàmǐ）：nanometer

【略读　约470字　参考时间：7分钟】

长城饭店一间大会议厅内坐满了人，其中有很多记者和技术人员。

一位漂亮女士拿着一条深色普通领带，一条经过纳米技术处理的浅色领带。

另一位女士拿来四个瓶子，瓶内装着水、啤酒、酱油（jiàngyóu）和醋（vinegar）。

拿领带的女士先把水倒在深色普通领带上，领带一下子全湿了。然后，又倒上啤酒，最后，再倒上酱油和醋，领带变得十分脏，完全不能再用。

接着，女士把水倒在那条经过纳米技术处理的浅色领带上。人们看到，领带几乎没有什么变化，只有几颗水珠在上面滚动，好像雨后的荷叶那样，拿起来一抖（dǒu），水珠就落下去了。

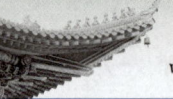

倒上啤酒，领带上没有变化。

倒上酱油，领带上只有一片黑色，拿起一抖，大部分落下去，有一些小的黑珠还在上面。女士拿起一块布，轻轻一擦，酱油马上不见了。

在领带上倒醋，情况同酱油一样。

看了这样的结果，在场的人们都说"真好"、"真神奇"。

这种防水、防油、防污（dirty）的纳米领带，现在已经有人使用了。

为什么纳米领带能有这样神奇的作用呢？科学家告诉记者，经过纳米技术处理的领带，它的表面有像荷叶那样的结构，正是它，使领带不会脏。

现在，市场上纳米技术产品正在多起来。

一、根据文章内容判断正误。（正确的画"√"，错误的画"×"）

1. 长城饭店一间大会议厅内，坐满了新闻界人士。　　　　　（　　）
2. 拿领带的女士把水泼在深色普通领带上，领带一下子全湿了。（　　）
3. 纳米领带防水、防油、防污，但目前买不到。　　　　　　（　　）
4. 科学家解释了纳米领带的技术问题。　　　　　　　　　　（　　）
5. 纳米领带有神奇的作用是因为它是用荷叶制成的。　　　　（　　）

二、回答问题。

1. 倒上水、啤酒、酱油和醋等，普通领带会变成什么样子？

2. 为什么纳米领带不会脏？

水立方

【查读　约350字　参考时间：7分钟】

中国国家游泳中心，又被称为"水立方"（Water Cube），位于北京奥林匹克公园内，是北京为2008年夏季奥运会修建的主游泳馆，也是2008年北京奥运会标志性建筑物之一。

　　这个看似简单的"方盒子"，是由中国传统文化和现代科技共同"搭建"而成的。中国人认为：没有规矩，不成方圆，按照制定出来的规矩做事，就可以获得整体的和谐统一。

　　"水立方"的设计产生于中国传统文化中"天圆地方"的思想，它与圆形的"鸟巢"——国家体育场相互对照。方形是中国古代城市建筑最基本的形态，它体现的是中国传统文化中以纲常伦理（ethics）为代表的社会生活规则。而这个"方盒子"，又能够最好体现国家游泳中心的多功能要求，实现了传统文化与建筑功能的完美结合。

　　泳池也应用了许多创新设计，如把室外空气引入池水表面、带孔的终点池岸、视觉和声音出发信号等，这使比赛池成为世界上最快的泳池。

根据文章内容填空。

1. "水立方"的正式名称是_____。
2. "水立方"的设计思想是中国传统文化中的_____，它与圆形的_____相互呼应。
3. "水立方"比赛池成为世界上最快的泳池，因为泳池应用了许多_____。

（从本课中找出5-8个你觉得有用的词语或句子）

文章一　台湾老兵

【细读　约750字】

　　1949年，国民党（KMT）在与共产党的内战（civil war）中失败，退到台湾，从中国大陆带走200万部队。如今这些军人被称为"台湾老兵"。

　　半个多世纪过去了，当年去台湾的200万军人，如今大部分已经离开了人世，活着的也都老了。虽然生活在台湾，但他们忘不了的是大陆的故乡，是生养自己的父母。

　　面向西方，望着海，看着月亮，默默地（silently）流泪，是许多老兵无奈（wúnài）的选择，因为海峡（strait）那边就是祖国大陆，那道浅浅的海峡显得是那么深、那么远。

　　王成，1949年到台湾当兵。他说："我在台湾一直想家，回不去，又不能通信。我就叫做航运（shipping）的朋友从国外帮我寄信。但他胆小，都给撕掉（tear up）了。我后来自己当了船员，就自己从国外寄。我到香港、日本、新加坡就给家人寄信。然后我找到那边华侨朋友的地址，家人就把信寄给华侨，华侨再转交（pass on）给我。"

　　1979年元旦，大陆提出，希望恢复（regain, restore）两岸中国人的正常往来。

　　1987年，台湾宣布，开放民众到大陆探亲①。此后，老兵们想尽各种办法，寻找自己的亲人。关了近40年的大门终于打开了。

① 探亲（tànqīn）: go home to visit one's family

　　台湾老兵回家了，亲人相见的场面让很多人感动。多少离家时不懂事的少年，已经满头白发；多少个老母亲，早已离开了人世；记忆中那些熟悉的面容，已经化作了黄土，再也见不到了……

　　尽管有着这样那样的遗憾（regret），已在台湾有了自己小家的王成，现在总算是可以回故乡了。1988年他第一次回大陆，见到了哥哥，父母不在了。他说："我对不起祖先（ancestor）！我儿子现在还没有结婚。在台北县板桥的中学当英文老师。希望他结婚以后，我能常到大陆走走看看。我对大陆每一个人、一草一木都有感情，看了心里很舒服。我到了黄山，我到了万里长城。在长城时车子要开走了，我还没回来。车子等了我一个半小时，因为我舍不得下来。"

　　老兵的故事就是一条漫长的回家路，对于他们中的许多人来说，这条路几乎走了一辈子。

一、根据文章内容判断正误。（正确的画"√"，错误的画"×"）

1. 台湾老兵都是生长在台湾的老人。　　　　　　　　　（　　）
2. 台湾老兵如今都已经离开了人世。　　　　　　　　　（　　）
3. 王成的朋友从国外帮他寄信。　　　　　　　　　　　（　　）
4. 1979年，恢复了两岸中国人的正常往来。　　　　　　（　　）
5. 1987年，台湾老兵们开始和大陆亲人联系。　　　　　（　　）
6. 两岸开放后台湾老兵都回了家。　　　　　　　　　　（　　）
7. 很多台湾老兵没有见到自己的母亲。　　　　　　　　（　　）
8. 台湾老兵认识大陆每一个亲人。　　　　　　　　　　（　　）

二、根据文章内容选择正确答案。（从ＡＢＣＤ四个选项中选择一个最佳答案）

1. 许多老兵"面向西方，望着海，看着月亮，默默地流泪"，是因为：（　　）
　　A. 海峡很深　　　　　　　　B. 海峡很浅
　　C. 无法回大陆　　　　　　　D. 没有钱回大陆

2. "关了近40年的大门终于打开了"，这句话中"大门"的意思是：（　　）
　　A. 大陆的大门　　　　　　　B. 台湾的大门
　　C. 大陆和台湾联系的大门　　D. 国家的门

3. "尽管有着这样那样的遗憾"，这里的"遗憾"是指：（　　）
　　A. 自己老了　　　　　　　　B. 母亲死了
　　C. 没有见到亲人　　　　　　D. 以上各项

4. "已在台湾有了自己小家的王成"的意思是：（　　）
　　A. 王成有了孩子　　　　　　B. 王成在台湾结婚了
　　C. 王成在台湾的家很小　　　D. 王成的孩子结婚了

三、根据文章内容填空。

1. 面向西方，望着海，看着月亮，_____流泪，是许多老兵_____选择。
2. 因为海峡那边就是祖国大陆，那道_____海峡显得是那么_____、那么_____。
3. 老兵的故事就是一条_____回家路，对于他们中的许多人来说，这条路几乎走了_____。

文章二　脑筋急转弯

【通读　约600字】

很多人喜欢下面的语言游戏，请看三个例子：

其一：有个字千百年来总是写错，这是什么字？总是"写错了的字"是个什么字呢？这的确需要仔细想想。

其实，答案很简单，这个字就是"错"字。不是吗？既然"大"字千百年来总是写做"大"，那么，"错"字千百年来就应该总是写做"错"！

其二：金鱼去时游了一小时，回来游了两个半小时，这是怎么回事？

原来"两个""半小时"就是一小时。也就是说，谁按照一般的习惯，将"两个半小时"理解成"两个小时再加半个小时"，也就是150分钟，谁就会找不到答案。

其三：写一个阿拉伯（Arabic）数字，需要一秒[①]钟，那么，从"1"写起，写完"1999"，需要多长时间？

既然"1999"由4个阿拉伯数字组成，那么写完它四秒钟就可以了。如果把"1999"理解为"第一千九百九十九"，会用1999秒钟，那就完全错了！

试一试，你能回答下面的问题吗？

● 为什么老王的马能吃掉老张的象？　答案：因为他们正在下象棋。

● 什么时候4-3=5？　答案：算错时。

● 蓝色的笔能写出红字吗？　答案：写个"红"字当然可以。

● 冬瓜、黄瓜、西瓜、南瓜都能吃，什么瓜不能吃？　答案：傻瓜。

● 你能以最快的速度把冰变成水吗？　答案：把"冰"字的两点去掉，就成了"水"。

● 老王一天要刮四五十次脸，脸上却仍有胡子。这是什么原因？　答案：老王是个理发师。

● 小华在家里，和谁长得最像？　答案：自己。

● 不必花力气打的东西是什么？　答案：打哈欠。

● 你能做，我能做，大家都做；一个人能做，两个人不能一起做。这是做什么？答案：做梦。

这就是语言游戏——脑筋急转弯！

（选自《读写月报》，作者张玉庭）

---

① 秒（miǎo）：second（=1/60 of a minute）

一、根据文章内容判断正误。（正确的画"√"，错误的画"×"）

1. "错"字永远不会写对。（   ）
2. 金鱼去时游了一小时，回来时也游了一小时。（   ）
3. 写一个阿拉伯数字需要一秒钟，写完"1999"需要1999秒钟。（   ）
4. 脑筋急转弯是一种语言游戏。（   ）

二、根据文章中脑筋急转弯的题目回答问题。

1. 什么时候4-3=5？
   _____

2. 冬瓜、黄瓜、西瓜、南瓜都能吃，什么瓜不能吃？
   _____

3. 不必花力气打的东西是什么？
   _____

文章三　电影《城南旧事》

【通读　约550字】

电影《城南旧事》根据台湾著名女作家林海音的同名小说改编。

中国20世纪20年代末，六岁的小姑娘林英子住在北京城南的一条小胡同里。英子交的第一个朋友，是经常站在胡同口寻找女儿的"疯"（mad）女人秀贞。

秀贞曾与一个大学生相爱，后来，大学生回了老家，再也没回来。秀贞生下的女儿小桂子，又被家人扔到城根①下，生死不明。

英子对秀贞非常同情。英子得知，小伙伴妞儿的身世（life experience）很像小桂子，又发现了她脖子后的胎记（birthmark），急忙带她去找秀贞。妞儿就是小桂子！秀贞立刻带妞儿去找寻爸爸，结果，母女俩不幸死在火车的车轮下。

后来，英子一家搬家到新胡同。英子又在附近的荒园（desolate garden）中认识了一个厚嘴唇的年轻人。他为了供（supply）弟弟上学，不得不去偷东西。英子觉得他很善良，但又分不清他是好人还是坏人。

不久，英子在荒草地上捡到一个小铜佛（copper Buddha statue），被便衣警察发现，警察来抓走了这个厚嘴唇的年轻人，这件事使英子非常难过。

① 城根（chénggēn）：areas of a city close to the city wall

因为英子很同情这个"小偷朋友",觉得是因为自己捡到的小铜佛被便衣警察看到了,"小偷朋友"才被抓到的。

英子九岁那年,她的奶妈宋妈的丈夫来到林家。英子得知,宋妈的儿子两年前掉进河里淹死,女儿也被丈夫卖给别人,十分伤心,不明白宋妈为什么不管自己的孩子,来照顾她。后来宋妈被她丈夫用小毛驴接走了。

再后来,英子的爸爸因肺(lung)病去世。英子随家人坐上远行的马车,带着这些搞不清楚的事情,她告别了童年。

在影片中,小英子是一个主要人物。她善良天真,充满同情心。影片情节简单,温馨地反映了那个年代普通北京人的真实生活,受到广泛好评。

一、根据文章内容选择正确答案。(从ＡＢＣＤ四个选项中选择一个最佳答案)

1. 文章的主要内容是:(　　)
   A. 林海音的经历　　　　　　B. 介绍电影《城南旧事》
   C. 林英子的故事　　　　　　D. 中国20世纪20年代的情况

2. 根据文章,英子是个什么样的女孩?(　　)
   A. 善良　　　　　　　　　　B. 天真
   C. 有同情心　　　　　　　　D. 以上各项

二、说一说这个电影故事。

文章四　商　机①

① 商机(shāngjī):business opportunity 挣钱的机会

【略读　约460字　参考时间:7分钟】

猪通过劳动变富了,有了5元钱,存在老鼠的银行里。猪打算拿这5元钱建一个小窝②,大概要花2元买地,3元盖窝。

② 窝(wō):nest

乌龟是搞工程(engineering)的,他想在猪身上挣更多的钱,于是找来当投资顾问③的狐狸想办法。狐狸说:"这好办。"

③ 投资顾问(tóuzī gùwèn):investment consultant

他们于是找来管(govern)地的狼、开银行的老鼠,一起来商量。结果,乌龟从老鼠那里借来200元,用100元买了狼的地,花3元把猪窝盖好,给了狐狸50元,算是服务费。

猪没有地,只好求乌龟把窝卖给他。乌龟要500元,猪说只有5元,买不起。这时候,狐狸说服(persuade)猪去向老鼠借钱,老鼠答应借500元给猪,要求是,还钱的时候还600元,可以分10年还完,并且,要把证明放在他家里。结果,两个都同意了。

最后,猪花了600元买来了猪窝,这比他原来的计划高了11倍。猪努力了10年去挣钱,还这一大笔钱。在这个买卖里面,狼、老鼠、狐狸,还有乌龟,都挣了钱。后来他们就学着这次的经验,继续做生意。

更多的猪去借钱买房子了。这时候,驴——一直当商人的驴,看到这是一个好机会,给老鼠送了一大堆奶酪④,从老鼠那里借了好多好多的钱,把乌龟盖的房子都买下来,然后以更高的价格卖给猪。

④ 奶酪(nǎilào):cheese

根据文章内容选择正确答案。

1. 文章的主要内容是:(　　)
   A. 动物世界　　　　　　B. 动物怎样挣钱
   C. 猪怎样买房子　　　　D. 商机到底是什么

2. 文章中谁是受害者?(　　)
   A. 猪　　　　　　　　　B. 老鼠
   C. 乌龟　　　　　　　　D. 狐狸

3. 文章中谁得到了好处?(可以多选)(　　)
   A. 猪　　　　　　B. 老鼠　　　　　　C. 乌龟
   D. 狐狸　　　　　E. 狼　　　　　　　F. 驴

小区告示栏

【查读　约480字　参考时间:8分钟】

停电通知

目前,天气高温,用电量增大,为了保证(ensure)全区电力正常,下周开始,周二、周三不定时(at irregular hours)停电。

为了把对居民生活的影响减到最小,停电时间一般在:白天上班时间(上午8:30-11:00或下午1:00-4:00),保证晚间生活用电。

关于供暖费的新规定

从今年开始,新供暖办法开始施行。

今后,如果室温低于18℃,供暖单位将退还(return)居民一部分供暖费。

退还金额:按照标准(standard),室温在18℃以下16℃以上,退还40%供暖费;室温在16℃以下14℃以上,退还60%供暖费;室温在14℃以下,退还100%供暖费。

从现在开始，供热单位与每一户家庭签订（sign）合同。

另外，居民如果觉得供暖质量不合格，可向政府有关单位投诉（complain）。

供暖气象指数（index）

本市专业气象台昨天开始发布"供暖气象指数"，市民可打12121、96221221气象服务电话了解。

"供暖气象指数"是气象专家根据气温、日照、风力和空气湿度等气象因素，综合计算出需要供暖的量级（level）。

目前，本市的供暖气象指数分为5级：

1级：天气不太冷，少量供暖；

2级：天气比较冷，加大供暖量；

3级：天气很冷，全天供暖；

4级：天气寒冷，全天加大供暖量；

5级：天气很寒冷，全力供暖，保证室内温暖。

一、根据以上告示内容选择正确答案。（从ＡＢＣＤ四个选项中选择一个最佳答案）

1. 根据告示通知，不停电时间为：（　　）
   A. 周二上午　　　　　　B. 周二晚上
   C. 周三上午　　　　　　D. 周三下午

2. 按照退还供暖费标准，室温在16℃以下14℃以上，退还：（　　）
   A. 100%供暖费　　　　　B. 80%供暖费
   C. 60%供暖费　　　　　 D. 40%供暖费

3. "供暖气象指数"：（　　）
   A. 以前有　　　　　　　B. 与天气没有关系
   C. 夏天也有　　　　　　D. 指需要供暖的量级

二、根据第三个告示内容连线。

天气不太冷　　　　　　全天供暖

天气比较冷　　　　　　全力供暖，保证室内温暖

天气很冷　　　　　　　少量供暖

天气寒冷　　　　　　　加大供暖量

天气很寒冷　　　　　　全天加大供暖量

（从本课中找出5-8个你觉得有用的词语或句子）

5 文章一 阅读与思考

【细读 约730字】

[1] 父子二人看到一辆高级小汽车。儿子对他的父亲说:"坐这种车的人,肚子里一定没有学问!"父亲回答:"说这种话的人,口袋里一定没有钱!"(你对事情的看法,是不是也反映出你内心真正的态度?)

[2] 晚饭后,母亲和女儿一块儿洗碗,父亲和儿子在客厅看电视。突然,厨房里传来打破盘子的响声,然后很长时间没有声音。儿子望着他父亲,说道:"一定是妈妈打破的。""你怎么知道?""她没有骂人。"(我们习惯以不同的标准来看人看己,常常是对别人严,对自己宽。)

[3] 妻子正在厨房炒菜。丈夫在她旁边一直说:"慢些!小心!火太大了!赶快把鱼翻过来!油放太多了!"妻子生气地说:"我懂得怎样炒菜。"丈夫平静地回答:"我只是要让你知道,我在开车时,你在旁边不停地说,我的感觉如何。"(学会原谅别人并不困难,只要你愿意认真地站在对方的角度看问题。)

[4] 一辆公共汽车,上面坐满了人,沿着下山的路快速前进。有一个人在后面紧紧追着这辆车子。一个乘客从车窗中伸出头来,对追车子的人说:"老兄(brother)!算啦,你追不上的!""我必须追上它!"这人说,"我是这辆车的司机!"(有些人必须非常认真努力,因为不这样的话,后果就十分悲惨① 了!)

① 悲惨(bēicǎn):miserable

[5] 甲:"新搬来的邻居好可恶(hateful)!昨天晚上,半夜12点跑来按我家的门铃。"乙:"真的是可恶!你有没有马上报警②?"甲:"没有。我把他们看成是疯子,继续吹我的小喇叭③。"(事情的出现一定有原因,如果能先看到自己的不对,答案就会不一样。)

② 报警(bàojǐng):call the police
③ 喇叭(lǎba):trumpet

[6] 张三在山间小路开车,正当他欣赏(enjoy)美丽风景时,突然,对面开来一辆货车,司机摇下窗户,大喊一声:"猪!"张三越想越生气,也摇下车窗大骂:"你才是猪!"刚骂完,他便撞上一群过路的猪。(不要错误地理解别人的好意,那只会让自己吃亏④。)

④ 吃亏(chīkuī):suffer losses

一、根据文章内容选择正确答案。(从 A B C D 四个选项中选择一个最佳答案)

1."肚子里一定没有学问"的意思是:(   )
　　A. 文化水平高　　　　　　　　B. 读书读得多
　　C. 肚子与学问没有关系　　　　D. 受教育程度低

2. 儿子根据什么认为一定是妈妈打破了盘子？（　　）
   A. 妈妈爱骂人　　　　　　B. 妈妈没有骂人
   C. 没有人骂人　　　　　　D. 女儿没有说话

3. 妻子在厨房炒菜时，丈夫在她旁边一直说话，丈夫这样做的目的是：（　　）
   A. 想跟妻子聊天　　　　　B. 怕妻子做饭不好吃
   C. 想教育妻子　　　　　　D. 想帮助妻子

4. 根据文章第[5]段的内容，乘坐公共汽车的人：（　　）
   A. 知道追车人是谁
   B. 不知道追车人是谁
   C. 知道车上的司机不是真正的司机
   D. 不知道车子坏了

5. "新搬来的邻居好可恶"中"可恶"的意思是：（　　）
   A. 不友好　　　　　　　　B. 令人恶心
   C. 是个坏人　　　　　　　D. 令人讨厌

二、给文章的以下段落选择最合适的段意。

第[2]段：（　　）
第[3]段：（　　）
第[5]段：（　　）
第[6]段：（　　）

A. 别把好意当成恶意
B. 严看人，宽对己
C. 要先看到自己的问题
D. 倒霉的人
E. 站在对方的角度看问题

三、根据第[4]段的故事想象一下，写一写接下来会发生什么。

提示：
　　这人说："我是这辆车的司机！"
　　车上的人一听，立刻傻了。"什么？他是司机？那……"

_____
_____
_____

文章二　电动车——新世纪理想的交通工具

【通读　约830字】

世界上第一辆电动车1881年诞生在法国。在巴黎（Paris）等欧洲城市的街道上到处可见。当第一辆汽车出现之后，由于汽车各方面性能① 都比电动车好，电动车开始受到冷落（treat coldly），后来只作为工厂内、车站和送奶、送报的工具。

然而，作为现代交通工具的汽车，在给人类带来方便的同时，也带来了无法避免（avoid）的大问题。这些年来，汽车在全世界普遍使用，有城市就有汽车，人们的生活好像一天也离不开汽车。但是，汽车的坏处越来越多，人们已经看到，它使用大量石油，产生大量废气（waste gas），产生很多噪音（noise），特别污染②环境，已经成为全世界的公害③。

新的电动车采用最新技术，比大城市中拥挤在马路上走走停停的汽车效率（efficiency）高40%。与传统汽车相比，电动车在环保方面更加具有明显优点。电动车不使用汽油，没有污染，噪音很低，是一种理想的、干净的交通工具，被称为"绿色汽车"。

许多国家和地区制定了政策，加快发展电动汽车。1998年6月，中国在广东开始研究电动车。目前，已有17辆电动车正在试验中，其中有几辆电动轿车已成为正式出租车，跑在马路上，效果比较理想。

高效、节能、干净的新电动车，将是21世纪理想的交通工具。

① 性能（xìngnéng）: function, performance

② 污染（wūrǎn）: pollute
③ 公害（gōnghài）: public nuisance

一、根据文章内容判断正误。（正确的画"√"，错误的画"×"）

1. 汽车各方面性能大大超过电动车。　　　　　　（　　）
2. 汽车给人类带来了方便，也严重污染了环境。　（　　）
3. 新型的电动汽车在环保方面具有明显优势。　　（　　）
4. 中国正在加快电动汽车的研制开发。　　　　　（　　）
5. 新型电动车是理想的清洁的交通工具。　　　　（　　）
6. 汽车只有坏处，没有好处。　　　　　　　　　（　　）
7. 电动车的颜色都是绿色的。　　　　　　　　　（　　）

二、根据文章内容选择填空，完成概要重述。

> A. 也带来了无法避免的大问题
> B. 与传统汽车相比
> C. 许多国家和地区制定了具体政策
> D. 电动车开始受到冷落

世界上第一辆电动车1881年诞生在法国。可当汽车出现之后，由于各方面性能大大超过电动车，___1___，后来只作为厂内、车站和送奶、送报的运输工具。

然而，汽车在给人类带来方便和快捷的同时，___2___。汽车使用大量石油资源，严重污染环境，已成为世界性公害之一。

新型的电动车比大城市中走走停停的汽车效率高40%，___3___，电动汽车是一种理想的清洁的交通工具，___4___，正在加快电动汽车的研制开发。

文章三 《古文观止》和语文教育

【通读 约560字】

　　《古文观止》是清代以来最流行的古代散文（prose）选本之一，由清代学人吴楚材、吴调侯编选，成书于1695年。所选222篇文章，都是千古名作，历来是学人了解中国传统文化和学习古文的经典书、必备书。

　　中国古代的语文教育就是从这些著作开始的：《三字经》、《千字文》教人认字，《四书五经》教人作文，更教人做人做事。《古文观止》在老百姓中流传很广，成为深受欢迎的语文教材，影响了中国人大约300年的时间。

　　中国古代的语文教育，从理念（idea）到方法，十分简单，也十分先进。它对推动中华民族的进步与发展贡献（contribution）巨大。

　　一位考上名牌大学的学生说他的语文学习就是从《古文观止》开始的，他的方法是：先将不懂的文字通过注释搞明白；然后不出声地背诵；差不多会背诵以后，开始慢慢体会（understand）文章的含义；大体了解内容了，再仔细琢磨（think about）文字和词语；最后，再大声读出来，领会文章的深刻含义。

　　由于《古文观止》收集的是各个时代的优秀作品，全书又是按时代先后编排的，每个时期都有重点作家和作品，因此读懂《古文观止》，就了解了古文发展的历史。

　　《古文观止》虽然是为开始读书不久的儿童和普通古文爱好者选编的，但是这些经典作品中包含着丰富的历史知识、难得的人生经验，真正做到了初学者（beginner）读来不难，学人读来不浅，所以成为深受百姓喜爱的中国传统文学读物。

（选自《光明日报》，作者李鼎）

根据文章内容选择正确答案。（从ＡＢＣＤ四个选项中选择一个最佳答案）

1. 《古文观止》是清代以来最为流行的：（　　）
   A. 大学生教材　　B. 学者论文　　C. 古代散文选本　　D. 现代人的古文

2. 教人认字的语文教材是：（　　）
   A.《三字经》　　B.《百家姓》　　C.《四书五经》　　D.《古文观止》

3. 读懂《古文观止》就了解了古文发展的：（   ）

   A. 文化　　　　　B. 时间　　　　　C. 历史　　　　　D. 特点

4. 《古文观止》初学者读来不难，学人读来不浅，因为本书：（   ）

   A. 是为开始读书不久的儿童和普通古文爱好者选编的

   B. 包含着丰富的历史知识、难得的人生经验

   C. 是深受百姓喜爱的中国传统文学通俗读物

   D. 是按时代先后顺序编排的

文章四　事业要悄悄干

【略读　约560字　参考时间：7分钟】

[1] "悄悄干"，是中国"留学教父（godfather）"俞敏洪①的创业经验。从最初的"夫妻店"、五六张桌子、七八个人，到现在的中国语言培训（training）巨人"新东方"，其间的过程很漫长。他是怎么创业成功的？俞敏洪自己说："悄悄干。"

[2] 悄悄干，是一种做事的方法，更是一种做人的态度。在中国，除了俞敏洪，作家也是"悄悄干"的人。很多人在成名之前，在有好的作品出版之前，都是"悄悄干"的。这种自觉或不自觉的"悄悄干"，最后往往成了大家。中外都是如此。

[3] 曹雪芹悄悄干了十年，我们有了《红楼梦》。俄国大文学家列夫·托尔斯泰（Leo Tolstoy）也喜欢悄悄干。他为了专心写作，对外说自己已"去世"！"悄悄干"的时间越长，动力（impetus）越大，成就也越惊人。

[4] 或许有人认为，悄悄干只适合写作，不适合现在的大多数职业。现代公共关系学有两个词很重要：知名度（popularity）和名誉度（reputation）。我们应该最大限度（to the maximum）地追求知名度，"悄悄干"不是聪明人的做法。

[5] 可是，中国人有句古话："酒香不怕巷子深②。""是金子总会发光的。"知名度我们是要的，但是，那应该是在"悄悄干"之后。先练好自己的"内功"，静悄悄地储蓄（accumulate）好，等时机成熟，再出现在人们面前。那时，一定是知名度和名誉度的双丰收（harvest）。

[6] 悄悄干，积蓄生命的力量，只为将来腾飞（soaraway）的时刻。

（选自《思维与智慧》，作者张慧君）

① 俞敏洪（Yú Mǐnhóng）：曾是北京大学教师，2003年成立新东方教育科技集团

② 酒香不怕巷子深（jiǔ xiāng bú pà xiàngzi shēn）：Good wine sells well even deep in an outlying lane.

根据文章内容选择正确答案。（从ＡＢＣＤ四个选项中选择一个最佳答案）

1. 文章的主要内容是：（   ）

   A. 说明怎样干事业　　　　　　B. 评论俞敏洪

   C. 介绍俞敏洪的经历　　　　　D. 介绍俞敏洪的一句话

2. 文章中一句最重要的话是：（　　）
   A. 俞敏洪是"留学教父"　　　B. 俞敏洪是"新东方"巨人
   C. 酒香不怕巷子深　　　　　D. 事业要悄悄干

3. 文章第[2]段"最后往往成了大家"中，"大家"的意思是：（　　）
   A. 所有的人　　　　　　　　B. 伟人
   C. 有成就的人　　　　　　　D. 普通人

慢赏风景——火车旅行线路

【查读　约450字　参考时间：8分钟】

成都—拉萨：

成都到拉萨的列车通车后，坐着火车去西藏，成为许多人一生要完成的一次旅行。在这条川藏铁路上，美丽的湖泊在高原阳光之下如宝石般闪亮；经过可可西里这个地方，瞪大眼睛，就能看到藏羚羊（Tibetan antelope），更不用说昆仑山、藏北大草原、蓝天白云、雪山草地、牧人羊群——只有青藏高原才有的美丽。

分析：与川藏公路相比，川藏铁路的海拔多在3000米以上，地面起伏不大，雪山也以"馒头型"居多，不如川藏线优美。但对大多数人来说，这条线汇集（incorporate）了高原美景的一切特征，舒适度高，安全性高，是第一次进藏旅游的最好方式。

火车停靠车站有：广元、宝鸡、兰州、西宁西、德令哈、格尔木、那曲、拉萨。

价格比较：成都到拉萨机票1500元，汽车票400元。火车硬座331元，硬卧下铺712元，软卧下铺1104元。

时间比较：飞机两个半钟头，汽车4天以上。火车需43小时51分钟，车次T22/T23，空调特快（express train）。成都出发时间为20:59，到达拉萨时间为第三日16:50。

适合人群：喜爱高原景色、没时间走川藏线、担心身体受不了又愿意旅行的人。

（选自《华西都市报》）

根据文章内容填空。

1. 这是一条从_____至_____的旅游线路，名字叫_____线。
2. 这条线路票价最便宜的交通方式总共要_____钱。
3. 这条线路适合_____人旅游。

日积月累

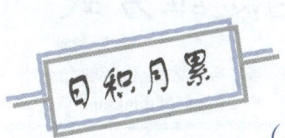

（从本课中找出5–8个你觉得有用的词语或句子）

文章一　从大到小——中国人的思维方式①

①思维方式（sīwéi fāngshì）：mode of thinking

【细读　约730字】

我们平常说时间过得快，往往会说："时间在不知不觉中一分一秒地过去了。"仔细琢磨这"一分一秒"的说法，好像有些问题。

时间由秒到分，由分到小时。因此，按先后过程说，应该是"一秒一分地过去了"。那么，是不是"一分一秒地过去了"不对呢？当然不是。这和中国人的思维方式有关系。

思维方式，是指人们思考问题时的习惯。这种习惯，可以是个人的，也可以是社会的。个人的思维习惯，有时与别人不同，我们说："他的思维方式与人不同。"

社会的思维习惯，一般指一个民族的思维方式。比如，中国人的思维方式特点之一是：从大到小。这表现在：

在时间上，先说年，后说月，最后谈日期。例如：2009 年 12 月 21 日。这和西方人完全不同。西方人是从小到大，他们要说成（以英语为例）：21 December, 2009。过去，毛泽东有一句"名言"："阶级斗争要年年讲，月月讲，天天讲。"有人说，这种说法不全对，应该说："天天讲，月月讲，年年讲。"其实，从语言表达来说，毛泽东的说法并没有错，它完全符合中国人的思维方式——从大到小。

在空间上，比如，中国人写信封（envelope）地址，一定是先写大的地名，后写小的地名。一封国内普通信，地址应该是：中国山西省山阴县良乡双山村；或者：中国北京市海淀区学院路 38 号。西方人又相反（opposite）。他们是先写小地名后写大地名。

在姓名上，中国人认为，姓大，名小。所以总是先写姓，后写名。例如：邓小平、钱钟书。而西方人是先写名，后写姓。例如：迈克尔·杰克逊。曹禺（Cáo Yú）的名剧《日出》里有个人物，他在中国叫张乔治，在外国叫乔治张。这正说明了中西方在姓名顺序（order）上的差别。

民族思维方式的不同，形成了语言表达习惯的不同。其实，这也是民族文化的表现。外国人要想学好汉语，就需要了解这种差别，在语言表达上，要适应这种差别。

（选自宋玉柱文章）

第 6 课

一、根据文章内容判断正误。（正确的画"√"，错误的画"×"）

1. "一分一秒"的说法和中国人的思维方式有关系。　　　　　　　　（　　）
2. 个人的思维习惯，有时与别人不同。　　　　　　　　　　　　　（　　）
3. 中国人的思维方式是从大到小。　　　　　　　　　　　　　　　（　　）
4. 2009年12月21日是西方人的说法。　　　　　　　　　　　　　　（　　）
5. "阶级斗争要年年讲，月月讲，天天讲"，这样说没有错。　　　　（　　）
6. 毛泽东的说法完全符合中国人的思维方式。　　　　　　　　　　（　　）
7. 在中国人的心中，姓大，名小。　　　　　　　　　　　　　　　（　　）
8.《日出》里有个人物在中国叫张乔治，在外国叫乔治张。他喜欢这样叫。（　　）

二、根据文章内容选择正确答案。（从ＡＢＣＤ四个选项中选择一个最佳答案）

1. 中国人思维方式的特点表现在：（　　）
   A. 时间上　　　　　　　　B. 空间上
   C. 姓名上　　　　　　　　D. 以上各项

2. "时间在不知不觉中一分一秒地过去了"，中国人这样说是因为：（　　）
   A. 中国人的思维方式有问题
   B. 中国人思维方式的特点是从大到小
   C. 中国人喜欢这样说
   D. 中国人不这样说不习惯

3. 中国人写信封上的地址，一定是下面这样：（　　）
   A. 中国山西省山阴县良乡双山村
   B. 双山村良乡山阴县山西省中国
   C. 中国山阴县山西省良乡双山村
   D. 中国山西省良乡山阴县双山村

4. "民族思维方式的不同，形成了语言表达习惯的不同"，这是：（　　）
   A. 民族文化的一种表现　　B. 生活习惯的一种表现
   C. 爱好不同的一种表现　　D. 人种不同的一种表现

三、根据文章内容选择填空，完成概要重述。

思维方式，是指人们思考问题时的　1　。这种习惯，可以是个人的，也可以是社会的。　2　思维习惯，有时与别人不同，我们说："他的思维方式与人不同。"社会的思维习惯，一般指一个　3　的思维方式。比如，中国人的思维方式特点之一是：从大到小。民族思维方式的不同，形成了　4　习惯的不同，这也是民族文化的表现。外国人要想学好汉语，就需要了解这种差别，在语言表达上，要　5　这种差别。

1.（　　）　A. 习惯　　　　B. 想法　　　　C. 爱好　　　　D. 兴趣
2.（　　）　A. 社会的　　　B. 大家的　　　C. 个人的　　　D. 其他的
3.（　　）　A. 个人　　　　B. 社会　　　　C. 历史　　　　D. 民族

4.（　　）　A. 思想方法　　B. 语言表达　　C. 思维方式　　D. 行为方式
5.（　　）　A. 习惯　　　　B. 适应　　　　C. 学好　　　　D. 学会

文章二　牙刷的历史

【通读　约 420 字】

人类祖先早有漱口（shù kǒu）、刷牙的习惯。科学家发现，在公元前 3000 年就有人清理口腔（mouth），用的最早的工具是牙棒。

在古希腊和罗马时代，人们用动物骨灰做牙粉清理口腔。

现在还有些原始部落① 用木炭（charcoal）、盐水、细沙子、树枝来清理牙齿。

阿拉伯人现在还从一种树上取下树枝，把一头做成刷子的样子，用来清理牙缝及刷牙。这是一种天然牙刷，据科学家分析，这种树枝含氟（fú），可预防蛀牙，并有止痛作用。

中国人在 2000 多年前，就懂得保护牙齿的重要性。《史记·仓公传》中就指出，引起牙疼的原因是"食而不漱"。

敦煌（Dunhuang, a city in China）壁画② 中画有一和尚，蹲在地上，左手拿漱口水瓶，用右手中指擦前齿。

在唐代，人们用柳枝做成刷子，用药水擦牙齿。宋代，有人说，每日早晚用柳枝擦牙两次。

元代，正式有了"牙刷"一词。元代社会上层人物用牙刷，一般人还是用柳枝和中草药制成的粉末刷牙。

在中国 1000 多年前的古墓③ 中，发现了两支骨头制的牙刷柄（toothbrush handle）。可见，中国很早就有了像现代牙刷一样的东西。

① 原始部落（yuánshǐ bùluò）: primitive tribe
② 壁画（bìhuà）: mural, wall painting
③ 古墓（gǔmù）: ancient tomb

一、根据文章内容判断正误。（正确的画"√"，错误的画"×"）

1. 现在还有些原始部落不用牙膏刷牙。　　　　　　　　　　　　　（　　）
2. 阿拉伯人用作牙刷的一种树枝可以预防蛀牙，并且有止痛作用。（　　）
3. 敦煌壁画中的和尚蹲在地上是在刷牙。　　　　　　　　　　　　（　　）
4. 元代社会已经普遍使用牙刷刷牙。　　　　　　　　　　　　　　（　　）
5. 在中国 1000 多年前的古墓中发现了两支骨头做的牙刷。　　　　（　　）

二、根据文章内容填空。

1. 最早的刷牙工具叫_____。
2. 唐代人用_____做成刷子刷牙。
3. _____，正式有了"牙刷"一词。

文章三　中国最大三姓氏

【通读：约580字】

中国科学院①的袁义达先生经多年研究发现，中国最大的三个姓氏是李、王、张，分别占总人口的7.9%、7.4%和7.1%。三大姓氏的总人口达到2.7亿，为世界上最大的三个同姓人群。

① 中国科学院（Zhōngguó Kēxuéyuàn）：Chinese Academy of Sciences

根据袁义达的研究成果，当代中国100个常用姓氏占了全国人口的87%。其中，占全国人口1%以上的姓氏有19个，分别为：李、王、张、刘、陈、杨、赵、黄、周、吴、徐、孙、胡、朱、高、林、何、郭和马。历史上，中国大约有一半的人口一直集中在这19个同姓人群中。

此外，中国的同姓人群在地区分布（distribute）上也是不一样的。在北方地区，以王姓为第一大姓，约占人口的9.9%，其次为李、张、刘；在南方地区，则以陈姓为第一大姓，约占人口的10.6%，其次为李、黄、林、张；在南北过渡（transition）型的长江流域②地区，第一大姓为李，约占人口的7%，其次为王、张、陈、刘。

② 流域（liúyù）：river basin, watershed

袁义达发现，在中国每一个省区中，都有一些出现次数比其他省区高得多的姓。如广东的梁姓和罗姓、福建的郑姓、台湾的蔡姓、安徽的汪姓、江苏的徐姓和朱姓、湖北的胡姓、四川的何姓和邓姓、贵州的吴姓、云南的杨姓、河南的程姓、甘肃的高姓、宁夏的万姓、新疆的马姓、山东的孔姓、山西的董姓和郭姓、内蒙古的潘姓、东北三省的于姓。

袁义达说："中国人的姓氏和分布是中国一个特有的国情，它关系到中华民族的起源（origin）、祖先们留下来的基因（gene）的分布、国家的统一、今后人口发展等许多问题，具有重要的意义。"

（选自中华农历网）

一、根据文章内容选择正确答案。（从ＡＢＣＤ四个选项中选择一个最佳答案）

1. 中国最大的姓氏是李姓，占总人口的：（　　）
   A. 7.9%　　　　B. 7.4%　　　　C. 7.1%　　　　D. 2.7%

2. 占中国人口87%的姓氏是：（   ）
   A. 当代中国19个常用姓氏　　B. 当代中国100个常用姓氏
   C. 李、张、刘三个姓氏　　　D. 李、王、张三个姓氏

3. 中国每一个省区中，姓氏的特点为：（   ）
   A. 每个省区姓氏相同　　　　B. 各不相同
   C. 都有一个比较突出的大姓　D. 没有规律

4. 关于研究姓氏和分布的意义，下面说法不正确的是：（   ）
   A. 关系到中华民族的起源　　B. 关系到祖先们留下来的基因的分布
   C. 关系到中国经济的发展　　D. 关系到国家的统一和今后人口的发展

二、根据文章内容判断正误。（正确的画"√"，错误的画"×"）

1. 中国最大的三姓氏也是世界上最大的三个同姓人群。（   ）
2. 历史上中国大约有一半的人口同姓。（   ）
3. 在北方地区以陈姓为第一大姓。（   ）
4. 在南北过渡区域姓李的人最多。（   ）
5. 每一个省区都有一些出现频率比其他省区高得多的姓。（   ）
6. 山东的孔姓很少。（   ）

文章四　著名诗人余光中

【略读　约460字　参考时间：8分钟】

① 祖籍（zǔjí）：original family home
② 自称（zìchēng）：call oneself

余光中，1928年出生于南京。祖籍①福建永春。母亲江苏武进人，所以他也自称②"江南人"。1952年毕业于台湾大学外文系。1959年获美国爱荷华大学（University of Iowa）艺术硕士（master）。先后在台湾东吴大学、台湾师范大学、台湾大学、政治大学教书。两次受到美国国务院邀请，去美国多家大学做客座教授。1972年任政治大学西语系教授、主任。1974年至1985年任香港中文大学中文系主任。1985年至今，任高雄市中山大学教授及讲座教授。其中有六年时间任文学院院长及外文研究所所长。

③ 从事（cóngshì）：be engaged in

余光中一生从事③诗歌、散文创作及评论、翻译工作，自称这是他自己写作的"四度空间"。半个世纪以来，他被誉为（praised as）"艺术上的多妻主义者"，是当代诗歌名家、散文名家、著名批评家、优秀翻译家（translator）。现已出版诗集21种、散文集11种、评论集5种、翻译集13种，共40余种。

余光中先生热爱中华传统文化，热爱中国。他说："中国，最美最母亲的国度"，"要做屈原和李白的传人"，"我的血中有一条黄河的支流"。他是中国文坛杰出的诗人（poet）与散文家。

呼吸在当代,却已经进入了历史,余光中的名字已经刻在中国新文学的史册(history)上。

(选自网络文章)

一、根据文章内容填空。

1. 余光中先生是当代诗歌_____、散文_____、著名_____、优秀_____。
2. 余光中先生的"艺术上的四个妻子"分别是_____、_____、_____、_____。

二、回答问题。

1. 余光中先生的祖籍是哪里?毕业于哪所大学?
   _____
2. 余光中先生都在哪些学校任教过?
   _____
3. 举例说明余光中对中国的热爱。
   _____

京津城际列车温馨提示

【查读　约420字　参考时间:7分钟】

C 开头的京津城际列车,到发站为:天津站、北京南站。

购票: 京津城际铁路,一般不需提前买票,不允许无票上车,没有站票。

春节时,或者平时乘车紧张时期,如:周五晚上、周六上午、周日晚上、周一早上的列车,旅客最好提前购买好 C 字头动车组列车车票。

售票时间: 提前 10 天售票,如今天是 8 月 11 日,可以买到 8 月 20 日的车票。

上下车站台: 天津站 E 候车区在北站房的一楼,18 站台;D 候车区在二楼候车区的北部,12-17 站台。

车票改签(ticket changing)或者退票: 如果乘客购买车票后临时有事无法乘车,车票可以改签一次,不收费。改签需到售票处的中转(transfer)窗口办理。如果退票,需要交票价 5% 的手续费。

检票: 天津站检票口是自动检票,将车票票面朝上,插到绿色闪动的检票口中,票出来后,拿票即可通过。

天津站进出站电梯都是感应(induction)式的,自动运行,无人服务。

售票处: 天津站南北站房(24 小时),天津站北站房一楼售票处相对南站房售票处买票人少些。天津北站(24 小时);东兴立交桥的预售处(8:30-16:00);北京南站;北京西站;北京站。

根据文章内容选择正确答案。（从ＡＢＣＤ四个选项中选择一个最佳答案）

1. 京津城际列车以：（   ）
   A. 字母K开头　　　　　　　　B. 字母C开头
   C. 字母D开头　　　　　　　　D. 字母J开头

2. 以下哪天的车票最好提前购买？（   ）
   A. 周一晚上　　　　　　　　B. 周二上午
   C. 周三晚上　　　　　　　　D. 周五晚上

3. 如果要买9月10日的车票，最早哪天就可以购买？（   ）
   A. 9月1日　　　　　　　　　B. 9月5日
   C. 8月11日　　　　　　　　D. 8月20日

4. 天津到北京的车票票价是58元，如果退票，需要交纳多少手续费？（   ）
   A. 不收费　　　　　　　　　B. 2.9元
   C. 25元　　　　　　　　　　D. 11.6元

（从本课中找出5-8个你觉得有用的词语或句子）

7

文章一　我的黄色书籍（jí）

【 细读　约600字 】

　　三十年前，念高中①的时候，被老师抓到上课读"黄色（obscene）"书籍；最近，自己出了一本黄色书籍。

　　1974至1978年，我在南昌十中读高一。有一天，我的同桌带了一本没有书皮的翻译小说，上课的时候他继续看，我也在旁边跟着看。

　　终于，英文课的查老师走到我们旁边，把书给拿走了。

　　我们当时心情非常紧张，同学怕什么我当时没问，也许怕无法还书。我很清楚我怕什么（而且记了一辈子②）：怕老师说我们看黄色书籍。凡是没有封皮（cover, wrapper）的书，本身就是禁书③的标志，书店不卖那些书，是某些家庭留下来的文革④前的印刷品⑤。少数这种书，是因为传看的人多而掉了封皮，多数是因为要隐瞒⑥是什么书而去掉了封皮。

　　我们看的那本书里有一段是男孩和女孩亲嘴。如果老师要定我们看黄色书籍，我们一定没有话说。

　　终于下课了，我们担心地走到老师讲台前，准备挨骂。查老师翻了翻书："哦，《汤姆历险记》，马克·吐温，名作家。"顺手，他就把书还给了我的同桌，也没再说什么。我觉得好像老师对马克·吐温也不是很了解。

　　我心里到现在还记得老师翻看书的动作，而且永远记住了马克·吐温的名字，以后有机会就找，想知道他到底是什么人。十几年后，在美国，我曾经三次拜访过他的故乡。

　　现在的学生可能无法理解，以为我们那时几个学生有心理（psychology）毛病。其实，不是我们有心理障碍⑦，是社会全面有心理障碍。

　　如果二十多年前"黄色"是误会（misunderstand）的话，最近出的书，我可以告诉你，真是黄色的，封皮就是证明。

（选自饶毅的个人博客）

① 高中（gāozhōng）: senior high school
② 一辈子（yíbèizi）: all one's life
③ 禁书（jìnshū）: banned book
④ 文革（wéngé）: the Cultural Revolution in China between 1966 and 1976
⑤ 印刷品（yìnshuāpǐn）: printed matter
⑥ 隐瞒（yǐnmán）: conceal
⑦ 障碍（zhàng'ài）: handicap

一、根据文章内容选择填空，完成概要重述。

　　A. 怕老师说我们看黄色书籍
　　B. 我们当时心情非常紧张
　　C. 我们那时有心理毛病
　　D. 就是禁书的标志
　　E. 就是黄色书籍

我读高一时，有一天，我的同桌带了一本没有封皮的翻译小说，上课的时候我们一起看，被老师发现，把书给拿走了。___1___，我的同桌很害怕，怕无法还书。我也害怕，___2___。因为在当时，凡是没有封皮的书，___3___，是禁止看的坏书。我们看的那本书里有一段男孩和女孩亲嘴，这样的书在当时___4___。

现在的学生可能无法理解，以为___5___。其实，不是我们有心理障碍，是社会全面有心理障碍。

二、根据文章内容判断正误。

（正确的画"√"，错误的画"×"，文中没有提到的画"○"）

1. 最近"我"出了一本封皮为黄颜色的书籍。（   ）
2. 过去凡是没有封皮的书都是黄色书籍。（   ）
3. 老师知道马克·吐温这个作家。（   ）
4. 十几年后，"我"认识了马克·吐温。（   ）
5. 我们那时几个学生有心理障碍。（   ）
6. 我们那时的老师有心理障碍。（   ）
7. 查老师批评了我们。（   ）

三、请解释本文题目"我的黄色书籍"的含义。

文章二 夜半惊魂(hún)

【通读 约720字】

　　江大明是大二学生。他在广告栏上看到一个叫王小梅的女生写的广告，说她为了安静写论文（thesis, paper），想找本校男生合租一套房子。江大明正想搬出宿舍，两个人见了面，约定合租。当晚搬家。

　　这是一座旧式小楼。王小梅给江大明简单介绍情况后，就进里屋写论文去了。晚上，江大明在外屋的灯下看书。四周静静的，只有窗外的树叶沙沙地响。过了一会儿，他去上厕所。厕所在过道里，黑得伸手不见五指，江大明找了半天，没发现电灯开关。他只好摸（grope in the dark）着进去，外面的秋风吹得窗户哗哗响，让他想起小时候听过的鬼故事。他轻手轻脚，怕发出响声。

　　上完厕所，江大明回到房间。突然，"吱呀"一声，里屋的门开了，王小梅出去了,她的脸上没什么表情(expression)……那头厕所里"啊——"的一声尖叫,像是王小梅,吓得江大明一下子坐在了地上。

正当他不知怎么好时,王小梅进来了,像没事儿一样,进里屋去了。

就这样,连着几天,屋外是秋风在吹,厕所里是王小梅的叫声,那声音在夜里听来,叫江大明睡不着觉。

江大明跟心理系的朋友聊天,问:"如果一个人一切都很正常,可就是晚上没有原因地发出一声大叫,这是什么毛病?"朋友说:"你能确定没有任何原因吗?"江大明说:"是的。"朋友说:"这还用问?精神病①!"

啊!自己和一个精神病女生住在了一起?江大明越想越怕。他决定赶快搬家。

半夜两点多,江大明上厕所,厕所里面静得怕人。不一会儿,一种怪声在他的耳朵边响起,而且越来越近,江大明的头发都直了起来,突然声音停在了他的脸上,他放心了,是蚊子②,可恶!他使劲照着自己的脸"啪"的一巴掌打下去!

奇迹(miracle)出现了!厕所灯亮了! 江大明看到厕所的木门上贴着一张纸,上写几个字:"不用别喊,节约(economize)用电,谢谢合作!"

抬头看,头顶上有一个声控(sound control)灯。

① 精神病(jīngshénbìng):mental disease 精神不正常

② 蚊子(wénzi):mosquito

一、根据文章内容选择正确答案。(从ＡＢＣＤ四个选项中选择一个最佳答案)

1. 这是一篇什么文章?(　　　)
    A. 抒情散文　　　　　　　　B. 幽默小说
    C. 新闻报道　　　　　　　　D. 日记小品

2. 王小梅为什么找人合租房子?(　　　)
    A. 为了找男朋友　　　　　　B. 为了安静写论文
    C. 为了有个同屋　　　　　　D. 为了离开学校

3. 江大明为什么怕上厕所?(　　　)
    A. 因为他胆小　　　　　　　B. 因为厕所里黑乎乎的什么也看不见
    C. 因为他不熟悉厕所情况　　D. 因为他总是深夜去厕所

4. 江大明心理系的朋友觉得王小梅:(　　　)
    A. 是个怪人　　　　　　　　B. 是个精神病
    C. 脑袋有问题　　　　　　　D. 很正常

5. 王小梅在厕所为什么喊叫?(　　　)
    A. 为了亮灯　　　　　　　　B. 为了壮胆
    C. 为了吓江大明　　　　　　D. 莫名其妙

二、说一说这个故事。

提示：
1. 江大明是大二学生……
2. 王小梅为了安静写论文……
3. 晚上江大明上厕所……
4. 王小梅出去……
5. 厕所里，王小梅……
6. 江大明越想越怕……
7. 他决定尽快搬家……
8. 厕所灯亮了……

文章三　京津城际高铁真快

【通读　约560字】

京津，因其地理位置的特殊，一直受到人们的关注。自己开车、长途汽车、火车，包括后来的动车组，让两座城市的距离越来越近，但直到奥运前夕（eve）开通了城际高速列车，两城之间的关系才真正近了！

京津城际高铁，是中国国内第一条速度达到每小时350公里的高速铁路线。世界上其他几个掌握高速铁路技术的国家，如法国、德国的高速铁路，速度只有每小时300公里；日本新建的一条高速铁路，设计最高速度为每小时360公里。

"我每周都在京津之间来回，现在高铁开通后，更省时间了，我工作起来也更方便了。这在以前是不能想象的。"外贸（foreign trade）公司的蒋先生说。

"北京的海鲜（seafood）又少又贵，还没天津的新鲜。以前，我跟家人经常去天津吃海鲜，但开车太累。高铁开通后，出北京半小时就可以享受到海边的生活，很惬意①。"家住北京的许先生说。

"我家住天津，但每个周末都来中国人民大学学习。现在有了高铁，甚至每天都能来回一次，工作学习两不耽误②，还能享受到北京的教育资源。"天津某单位的刘女士说。

不管是工作、生活还是学习，高铁的开通，真的给两座城市架起了一座桥梁。

---

① 惬意（qièyì）: pleased

② 耽误（dānwu）: delay, hold up

第 7 课

南开大学刘先生认为，城市间的交通，已经变为城市内上下班的交通，京津城际铁路实现了高速铁路的公交化。北京和天津，这两座人口超过千万的特大城市，将形成"半小时经济圈"。

一、根据文章内容选择正确答案。（从ＡＢＣＤ四个选项中选择一个最佳答案）

1. 这是一篇：（　　）
   A. 新闻报道　　　B. 说明文　　　C. 故事　　　D. 小说

2. 文章可能选自：（　　）
   A. 城市生活　　　B. 法律事件　　　C. 贸易往来　　　D. 教育新闻

3. 文章的写作风格是：（　　）
   A. 以解释名词为主　　　　　　B. 以人物采访为主
   C. 以记者眼见为主　　　　　　D. 以详细说明为主

4. 文章没有谈到以下哪个问题？（　　）
   A. 京津两座城市开通了城际高速列车
   B. 京津城际高速列车非常拥挤
   C. 日本高速铁路设计最高时速为360公里
   D. 京津高铁给两座城市架起了一座城市资源共享的桥梁

二、回答问题。

因为有了京津城际高铁，对京津地区来说，给人们的生活带来哪些变化？

文章四　都是酒闹的

【略读　约710字　参考时间：7分钟】

那天晚上在朋友家多喝了几杯，夜里两点多才上了出租车。等到了小区，我傻眼（stunned）了，七八栋楼，哪个是我家呀？我使劲喊了一嗓子："邻居们，你们好！都把灯打开！"说真的，我声音不高，可是夜深人静，声音就传远了。我看见周围的几个楼都亮起了灯光。我乐了，又喊道："把窗户打开，把头伸出来。"我故意停了一会儿，看见窗户里伸出了不少脑袋，才喊出了最重要的七个字："看看我是谁家的！"

一次吃饭，一个朋友喝多了。回家的时候，他忽然冲到马路中央，伸手拦住了一辆正在巡逻①的 110 警车②，然后拉开车门，对坐在里面的警察大声说："我知道你们这车一公里一块一（青岛的出租车价格是每公里一块

① 巡逻（xúnluó）：patrol
② 警车（jǐngchē）：police car, patrol wagon

一),可你们也用不着写这么大给我看,你们以为我是近视眼(nearsighted)呀?……"

这个朋友很有意思。有一次喝高了以后买西瓜,对卖西瓜的说:"我要吸管(drinking straw)。"卖西瓜的人看他高高大大的,害怕了,赶紧解释,告诉他没有吸管。我朋友生气了:"你不就是要钱吗?我给你钱,你把吸管赶紧拿来,做生意这么不老实,吸管还要单(singly)卖!"

我的一个大哥,南京人,特别喜欢喝。他来来去去都骑一辆小木兰摩托车。有一晚,他喝醉③了,仍骑着他的摩托车④回家。当时他看不清路了,只知道沿着(along)道路走。记不清骑了多久,等他有点儿清醒的时候,忽然抬头一看,眼前是"镇江大酒店"。他从南京骑到了镇江!接着,他又骑回到南京去了!

老家有个老邻居,一天喝多了,晚上进院子,看到自家菜园(vegetable garden)里面满园子蔬菜,就开始骂了:"啊?我不在家,你们也不知道除草(weeding)?都是懒鬼(sluggard)!"老先生边骂边干。等到第二天早上,睡醒觉起来,看到菜园子已经没有一棵蔬菜了,傻了。自己在园子里,一边转一边说:"谁这么坏啊?怎么把我的地弄成这样?"

③ 喝醉(hēzuì): get drunk
④ 摩托车(mótuōchē): motorcycle

根据文章内容选择正确答案。(从ＡＢＣＤ四个选项中选择一个最佳答案)

1. 文章中的"喝",指的是喝什么?( )
   A. 水　　　　B. 果汁　　　　C. 酒　　　　D. 没有说
2. 文章中的这些事都是谁做的?( )
   A. 坏人　　　B. 别人　　　　C. 作者自己　　D. 喝醉酒的人
3. 喝醉酒的人和正常人有什么不同?( )
   A. 头脑清楚　B. 变得聪明　　C. 糊涂了　　　D. 疯了

CCTV-9纪录频道①

① 频道:(píndào) frequency channel

【查读 约470字 参考时间:6分钟】

中央电视台纪录频道(CCTV-9纪录频道)是中央电视台管理下的电视频道,以播出各类纪录片②为主,中英双语,全球覆盖,24小时全天排播,是免费、专业的纪录片频道。

这是中国第一个全国播出的国家级纪录片频道,也是中国第一个覆盖全球的、中英

② 纪录片(jìlùpiàn): documentary

文双语纪录片频道。该频道于2011年1月1日早上8点开播，以青花瓷③的青色作为频道主色调（dominant hue），以"全球眼光、世界价值、国际表达"为定位（orientation），对内推动中国纪录片产业发展，对外更加真实地反映中国现实。

主体内容分为自然探索（explore）、历史人文、社会纪录、文献档案（files）四大类。

播出时间：国内版首播：每日 20:00-24:00，国际版首播：每日 20:00-23:00（北京时间）。

具体频道节目：

《人文地理》自然地理类纪录片 每天 20:00 – 20:30

《时代写真》社会纪实类纪录片 每天 20:30 – 22:00

《特别呈现》国产精品纪录片 每天 22:00 – 23:00

《发现之路》考古（archaeology）探索类纪录片 每天 23:00 – 23:30

《历史传奇》历史档案类纪录片 每天 23:30 – 00:00

CCTV-9纪录频道实行国内版（中文）和国际版（英文）分版播出，三颗卫星多语种覆盖，六大平台欧亚美落地。

纪录片《话说长江》和《黄河》、《丝绸之路》、《望长城》、《中国记忆》、《末代皇帝与国宝》等深受观众喜爱。

③ 青花瓷（qīnghuācí）：blue-and-white porcelain

回答问题。

1. CCTV-9纪录频道主要播出什么节目内容？

2. 文中提到了哪些受欢迎的节目？

中级阅读 II Intermediate Reading Course II

日积月累

（从本课中找出5-8个你觉得有用的词语或句子）

文章一　"小姐"的本来面目

【细读　约630字】

《现代汉语词典》对"小姐"是这样解释的：

一是指旧时有钱人家里的佣人对主人女儿的称呼；

二是指对年轻女子的尊称。

在汉语中，称"小姐"者，一直就带高雅（elegant）、美丽、尊敬的评价。在现代社会生活中，这样的意思还是到处可见。"世界小姐"、"空中小姐"，社交环境中的"李小姐"、"王小姐"等，这些用法有对年轻女性外表美①的肯定（approve），有对年轻女性的礼貌尊敬，有对年轻女性美丽心灵的美好祝福（blessing）。

西方社会，见到年轻女性，也是以"小姐"称呼。不少出国旅游的人回来，都有相同的感受。它表现出文明（civilized）社会男性对女性社会地位（status）的肯定和尊敬，同样也有对年轻女性美丽的一种赞美。"小姐"包含的文明价值，应该是中外一样的。

除了"小姐"，换个词来称呼那些年轻美丽、素质高的女性，恐怕难找。"女子"、"女士"、"佳人（jiārén）"，现在流行的"美女"、"美眉"等，不是太文（literary），就是太俗（vulgar）。

可惜的是，在今天的汉语中，"小姐"这个美好的词语有了"性工作者"的含义。这是让有文化、有知识的年轻女性不能接受的。

我们找不出另外的词语来称呼年轻女性，实在没有更合适的词语代替"小姐"，就只能仍然使用它。用"小姐"来尊称所有年轻的女性应该是大多数人的意见，也符合国际社会的称呼习惯。

要恢复②"小姐"的本来意思，需要维护（maintain）汉语言文字的尊严（dignity），用词要准确，千万不可乱用"小姐"这个词。

"小姐"称呼的变化，说明了一个国家的文化、文明的发展水平。

（选自傅尹文章）

① 外表美（wàibiǎoměi）：outward beauty

② 恢复（huīfù）：regain, restore

一、根据文章内容选择填空，完成概要重述。

《现代汉语词典》中"小姐"是对年轻女子的___1___。凡称"小姐"者，历来就带高雅、美丽、尊敬的评价。在现代社会生活中，这样的意思是___2___的。"小姐"有对年轻女性形体、仪态、素质美的肯定，有对年轻女性的礼貌尊敬，有对年轻女性美丽心灵的美好祝福。

西方社会，见到年轻女性，也是以"小姐"称呼。同样也有对年轻女性美丽的一种赞美和祝福。称"小姐"所体现出的文明价值，应该是___3___的。可惜的是，今天这个词有了"性工作者"这个___4___。这违背了传统文化赋予它的原意。应当恢复"小姐"的本来面目，维护汉语言文字的尊严。

1.（　　）　A. 尊称　　　B. 敬称　　　C. 俗称　　　D. 雅称
2.（　　）　A. 很普遍　　B. 很少见　　C. 很随便　　D. 很特别
3.（　　）　A. 中西合一　B. 中西一致　C. 中西不同　D. 中西差异
4.（　　）　A. 特别的意思　B. 另外的意思　C. 附加的意思　D. 错误的意思

二、根据文章内容判断正误。（正确的画"√"，错误的画"×"）

1. "世界小姐"的用法是对年轻女性外表美的肯定。（　　）
2. 以"小姐"称呼年轻女性含有对年轻女性美丽心灵的美好祝福之意。（　　）
3. 以"小姐"称呼年轻女性也表现出男性对女性社会地位的尊敬。（　　）
4. 除了"小姐"，换个词来称呼年轻女性恐怕难找。（　　）
5. 有知识的年轻女性不能接受"小姐"这个称呼。（　　）
6. "小姐"称呼的变化，说明了一个国家文明的发展水平。（　　）

三、根据文章内容选择正确答案。（从ＡＢＣＤ四个选项中选择一个最佳答案）

1. 在汉语中，"小姐"历来就带有对女性（　　）的评价。
   A. 高雅　　　B. 美丽　　　C. 尊敬　　　D. 以上各项

2. "小姐"一词含有对年轻女性哪方面的赞美？（　　）
   A. 形体　　　B. 仪态　　　C. 素质　　　D. 外表和心灵

3. 根据文章，下面哪句话不正确？（　　）
   A. 除了"小姐"，很难找到其他词来称呼那些年轻貌美而素质又高的女性
   B. 以"小姐"称呼年轻女性有对年轻女性的礼貌尊敬
   C. 以"小姐"称呼年轻女性有对年轻女性美丽的美好祝福
   D. "美女"也可以称呼那些年轻貌美而素质又高的女性

4. "小姐"这个美好的词语有了"性工作者"的含义，这是对"小姐"这个词的：（　　）
   A. 错用　　　B. 反面使用　　　C. 随便乱用　　　D. 正确使用

文章二　最方便的健身①

① 健身（jiànshēn）：keep fit

【通读　约600字】

② 代谢综合征（dàixiè zōnghézhēng）：metabolic syndrome

［1］一项（xiàng）研究结果显示，每天走路半小时，一周坚持6天，不仅可以保持良好身材，还能减轻代谢综合征②带来的不良影响。

［2］研究人员发现，代谢综合征易得也易除，人们只要做到每天走路半小时，就可以减轻病征（illness）。专家们成立研究小组，组织171名中年人参加研究实验。其中41%有代谢综合征，并且全部体重超过标准。实验期间，每人都被要求做不同强度（intensity）的运动，以此来看各个强度水平的

第 8 课

运动对健康有什么样的影响。结果8个月后，只剩下27%的人还有代谢综合征。

[3]"实验结果说明，代谢综合征病人数量明显减少。"研究人员说，"这对那些长时间坐着不动的中年人来说，是个好消息。因为他们如果想改善健康状况（condition），不需要每周出去四五天，跑得满头大汗，只需晚饭后，在家附近散一会儿步，就会受益多多。"

[4]实验中，运动量最小的一组人，也就是每天步行30分钟，或者是每周走18公里路的人，健康状况有明显改善。运动量最大的一组人，也就是每周跑28公里的人，在代谢综合征上，只比运动量最小的一组稍微强一点儿。

[5]那些在短期内做大量运动的人，在代谢综合征上，只有很少改善，远远不如运动量最小的一组人。

[6]专家最后说，每天做中等强度的运动，比一次做大量运动的效果好得多。

[7]现在，各种新奇的减肥方式五花八门，有些让人花费很多。其实，走路这种最为简单的运动，就可起到很好的健身作用。

[8]每天走上半小时，一周坚持6天，试试看，这是最方便的健身方式。

一、根据文章内容填空，完成重要概述。

A. 专家们成立研究小组
B. 8个月后
C. 代谢综合征易得也易除
D. 就会受益多多
E. 这对那些久坐不动的中年人来说是个好消息

___1___，人们只要做到每天步行半小时就可以减轻症状。___2___，组织171名中年人参与研究实验。其中41%患有代谢综合征，并全部体重超标。

实验期间，每人都被要求做不同强度的运动，___3___，只剩下27%的人还有代谢综合征。

实验结果显示，代谢综合征患者数量明显下降。___4___。因为他们如果想改善健康状况，不需要每周出去四五天，跑得满头大汗，而只需晚饭后在家附近散一会儿步，___5___。换句话说，每天做中等强度的运动比一次做剧烈运动的效果要好得多。

二、根据文章内容选择正确答案。（从ＡＢＣＤ四个选项中选择一个最佳答案）

1."代谢综合征"是：（　　）
　　A. 一种人　　　B. 一种病　　　C. 一种医生　　　D. 一种药

2.第[2]段中"易得也易除"的意思是：（　　）
　　A. 容易得到　　　　　　　　B. 容易看病
　　C. 容易治疗　　　　　　　　D. 容易得病也容易治好

3. 根据文章，下面哪种说法正确？（   ）
   A. 中年人不需要改善健康状况
   B. 中年人不需要每周出去四五天
   C. 中年人锻炼不需要跑得满头大汗
   D. 中年人晚饭后不需要散步

4. 文中"最方便的健身"是指：（   ）
   A. 每天步行半小时   B. 跑得满头大汗
   C. 新奇的减肥方式   D. 做剧烈运动

文章三　衣食住行的变化

【通读　约570字】

　　近年来，中国经济快速发展，百姓的衣食住行发生了很大变化，生活更加丰富多彩。

　　衣：从"一衣多季"到"一季多衣"。中国自1994年开始，成为世界最大的服装出口（export）国，现在共有1万多家服装厂。近几年，全国服装生产以9%以上的速度增长（increase）。

　　人们不仅挑选服装的质量，还追求品牌和时尚，体现个性。"一季多衣"代替了"一衣多季"，服装业也成了如今最多彩的产业（industry）。

　　人们在选择服装时，更加强调"绿色环保"和"保健"（health protection），国内90%的消费者更喜欢购买棉、麻、毛、丝等天然材料的服装。

　　食：从吃饱、吃好到营养（nutrition）风味。对于不少中国家庭来说，下馆子已经不再只是为了请客吃饭，更多的是为了享受美食和服务。

　　据统计，中国居民肉、禽（poultry）、蛋、水产品、植物油的消费量增长很快。旧时的"高级食品"早已进入平常百姓家，营养、风味、品种、疗效①成为人们在吃饱、吃好之后新的追求。

　　住：目前，个人买房很平常，有的家庭有好几套住房。中国住房消费的快速增长，说明享受型消费时代的到来。在北京、上海等大城市，老百姓一方面抱怨（complain）房价太高，一方面看房、买房的热情越来越大。很多城市都在努力满足人们住房、出行、教育、文化、医疗、健身等方面的需求。

　　行：从个人买车到排队买车。随着小汽车进入家庭，百姓的周末旅行变成了现实。近年来，各种新车不断出现，家用车的价格大大下降，汽车个人消费力量已经形成。

① 疗效（liáoxiào）：curative effect

一、根据词语解释选择合适的词。（从Ａ Ｂ Ｃ Ｄ四个选项中选择一个最佳答案）

1. 表示"特别看重"的词语是：（   ）
   A. 强烈   B. 强化   C. 强迫   D. 强调

2. 表示"像棉、毛、丝、麻等非人造的"的词语是：（　　）
　A. 自然　　　　B. 天生　　　　C. 天然　　　　D. 必然
3. 表示"一种有特色的（食品）"的词语是：（　　）
　A. 风格　　　　B. 风尚　　　　C. 风味　　　　D. 味道
4. 表示"发表很多不满的意见"的词语是：（　　）
　A. 生气　　　　B. 不高兴　　　C. 讨厌　　　　D. 抱怨

二、根据文章内容判断正误。（正确的画"√"，错误的画"×"）

1. 中国自1994年开始，成为世界最大的服装出口国。　　　　　　　　　（　　）
2. 人们在选择服装时更加强调绿色环保和保健。　　　　　　　　　　　（　　）
3. 大多数消费者更喜欢购买棉、麻、毛、丝等天然面料的服装。　　　　（　　）
4. 过去，对于不少中国家庭来说，下馆子只是为了请客吃饭。　　　　　（　　）
5. 旧时的"高级食品"现在已经不再高档。　　　　　　　　　　　　　　（　　）
6. 大城市已经完全满足了人们住房、出行、教育、文化、医疗、健身等方面的需求。（　　）

文章四　喝茶的学问

【略读　约640字　参考时间：7分钟】

很多中国人每天都离不开茶，但对怎样泡好茶却知道很少。要泡好茶，不但要有好的茶叶、好的水和一套适当的茶具，还要研究泡茶的技巧。

泡茶，第一要有好水。城市里的自来水①，泡茶并不好。山泉水是最好的选择。有了好水，还要有好的茶叶，茶叶的用量、开水的温度也很重要。

① 自来水（zìláishuǐ）：tap water

茶叶的用量，有"细茶粗吃，粗茶细吃"之说。一般说来，细嫩的茶含茶汁较少，冲泡时要多放一点儿；粗茶含茶汁多，要少放些。以250毫升（milliliter）一杯水来算，一般茶叶可放3-5克，而乌龙等精细茶，应放8克左右。

冲泡茶叶的水温，要看水的质量和茶叶的等级。水质较好，烧开就可泡茶，超过100度，会降低水中的微量元素（microelement），使茶汤失去香味。

俗话说："老茶宜沏，嫩茶宜泡。"沏，就是用刚烧开的水；泡，就是用开后温度稍低的水。高级细嫩的绿茶，水温最好是80-90度，特别嫩的，水温还可以再低一些。其他中低档茶，可用100度的滚水冲泡。至于红茶、花茶，则宜用刚煮沸②的水冲泡，并加上杯盖。

② 煮沸（zhǔfèi）：boil

茶和水的比例，一般是3-4克干茶，加200-250毫升的开水，泡3-4分钟。

饮茶时要注意，不要将杯中的茶喝干了再添水。第一杯喝去三分之二，再加水饮第二杯，这样，使茶汤的浓度基本保持一致。一般茶叶喝三杯就差不多了。泡的时间太长，会把茶叶中的有害物质泡出来。

善饮茶的人，对茶具也很有讲究。一般说来，茶具的选择，最重要的是质地（texture）。紫砂③茶具最好，它能使茶香气持久，滋味可口；其次是瓷杯、玻璃杯。不过，玻璃茶具近年来较流行，它里外透明，可以欣赏茶色、茶形，缺点是茶易凉。

③ 紫砂（zǐshā）：boccaro ware

（选自《新民晚报》，作者高建固）

一、根据文章内容判断正误。（正确的画"√"，错误的画"×"）

1. 要泡好茶，只需有好的茶叶和好的水就可以。（　　）
2. 泡茶用城市里的自来水最好。（　　）
3. 细茶冲泡时要少放一些，粗茶冲泡时要多放一些。（　　）
4. 老茶适合用刚浇开的水沏，嫩茶适合用开后温度稍低的水泡。（　　）
5. 饮茶时不能将杯中的茶水喝干再添水。（　　）

二、根据文章内容填空。

1. 泡壶好茶首要的是_____。
2. 冲泡茶叶的水温，要看_____。
3. 茶和水的比例，一般是_____。
4. 茶具的选择，最重要的是_____。

文章五　有机食品与标志①

① 标志（biāozhì）：sign, logo

【略读　约520字　参考时间：7分钟】

中国最新有机食品标志

中国的有机食品标志，是由人手和叶片组成的。

仔细看这个标志，我们可以感觉到：一只手向上拿着一片绿叶，寓意②人类对自然和生命的渴望（aspire）；两只手一上一下，握在一起，将绿叶看成是自然的手，寓意人类的生存，离不开大自然的保护，人与自然需要和谐③美好的生存（exist）关系。

② 寓意（yùyì）：implied meaning

③ 和谐（héxié）：harmonious

60

有机食品概念（concept）的提出，正是这种理念的实际应用。人类的食物从自然中得到，人类的活动也应该尊重（respect）自然的规律，这样，才能创造一个良好的、可以不断发展的空间。

欧盟（European Union）新的有机标志

左面的图片，是欧盟正式宣布的欧盟新的有机标志。有大约 130,000 人通过互联网，在线参加了投票（vote）选择。最后，这个"欧盟—叶子"获得了 63% 的投票，成为新的欧盟有机标志，这是由德国一名学生设计的。

欧盟新的有机标志，在所有欧盟成员国生产、包装（package）的有机产品上使用，并符合同一标准。对于进口产品，可以选择使用这个有机标志。其他私人（private）、地区或别的国家标志，可以和这个标志一起使用。欧盟将修改有机农业法律，加上新的有机标志。

"欧盟—叶子"的设计，将欧盟的星星标志设计成叶子的样子，并以绿色为底色（ground color）。据欧盟委员会说明，它是一个非常简单直接的标志，表达了两个意思：自然和欧洲。

根据文章内容填空。

1. 中国有机食品标志用_____做元素，寓意_____。
2. 有机食品概念的提出，是想告诉人们_____。
3. 欧盟新的有机标志，将欧盟的星星标志设计成_____，它是一个非常简单直接的标志，表达了两个意思：_____。

（一）招聘启事

【查读　约522字　参考时间：8分钟】

根据工作需要，我中心公开招聘农学、生物、环境、食品、化工、纺织等专业质量认证（authentication）工作人员 2 名，现在公告（announce）如下：

一、招聘条件

　　1. 责任心强，工作态度认真。
　　2. 年龄在 30 岁以下，身体健康。
　　3. 具有硕士（含）以上学历。
　　4. 英语六级考试成绩在 425 分以上。
　　5. 有两年以上相关工作经验者优先。

二、报名时间及方式

1. 报名时间：截止到2012年2月28日。
2. 应聘者在中绿华夏有机食品认证中心（http://www.ofcc.org.cn）或中国绿色食品网（http://www.greenfood.org.cn）下载（download）并填写《中绿华夏有机食品认证中心招聘人员报名表》（见附件（attachment）），将电子版及证件发送到cofcc2015@126.com，报名表及邮件标题格式为："姓名—学校—专业—学历"。
3. 应聘者将本人简历（resume）以及学历证书[①]、学位（academic degree）证书、资格（qualification）证书、发表文章等材料复印件各一份，最近1寸彩色照片2张邮寄到：中绿华夏有机食品认证中心，地址：北京市海淀区学院南路59号209室，邮编：100081。请在信封左下角注明"应聘"。

三、考试考核程序

1. 按照聘用条件和要求，对应聘人员进行资格审查（examine, check）。
2. 考试方式采用笔试、面试相结合的方式进行，主要内容为外语和相关专业知识。具体时间另行通知。
3. 对考试通过人员进行考查。

---

① 学历证书（xuélì zhèngshū）：diploma

根据招聘启事内容，填写应聘信的信封。

（二）树木的医生

【查读　参考时间：6分钟】

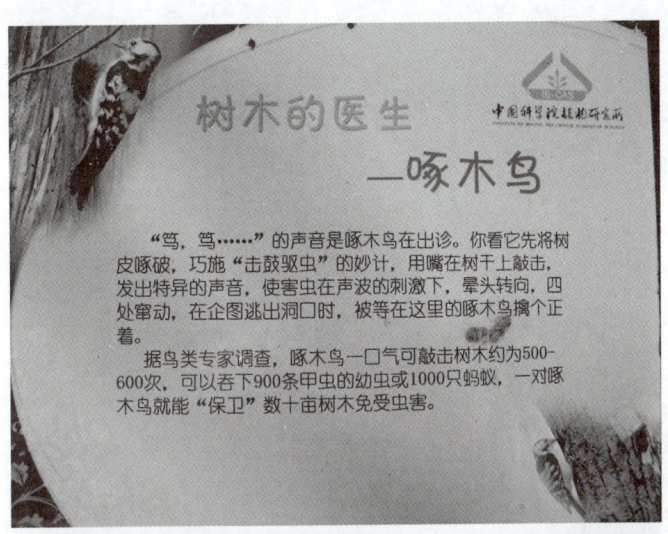

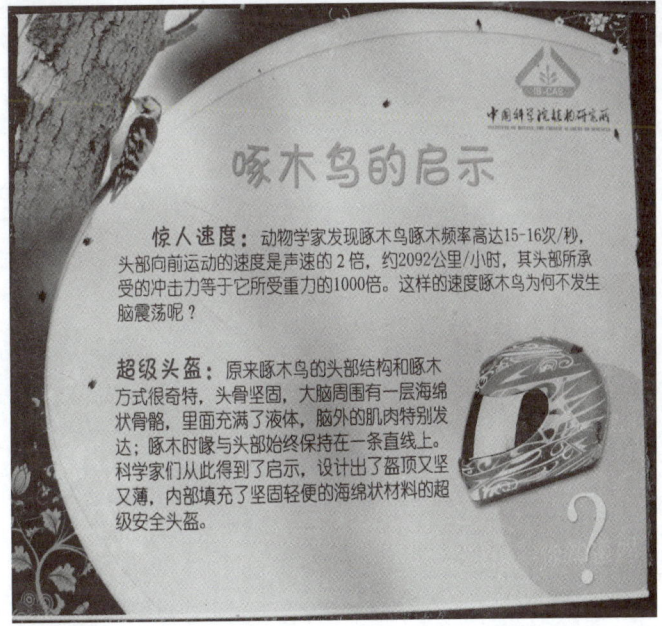

根据图片文字信息回答问题。

1. 谁是树木的医生？

2. 一对啄木鸟能保护多少树木？

3. 啄木鸟的头部对科学家有什么启示？

（从本课中找出5-8个你觉得有用的词语或句子）

文章一　读《我们家的猫》

【细读　约670字】

［1］当你细细品味（taste）《我们家的猫》这篇文章时，相信你也会和我一样，从心底深深赞叹作者老舍先生——"真是一位语言大师！"

［2］老舍用了不到六百字，就把猫写活了。以下举几例。先看《猫》的开头："猫的性格实在有些古怪。说它老实吧，它的确有时候很乖。"这"乖"字用得多好！"乖"，通常形容小孩子不吵不闹、很听话。如今用来说猫，不就是把猫也当成小孩子了吗？这有多亲昵①！体现了老舍的人情味儿②和爱猫的一片深情（deep love）。

［3］再看文章的第二小节："它要是高兴，能比谁都温柔可亲：用身子蹭③你的腿……或是在你写作的时候，跳上桌来，在稿纸上踩（cǎi）几朵小梅花。"一般人在写作时，碰上有猫在稿纸上踩几处脚印这种讨厌的事，即使不对猫生气，也会感到十分遗憾④，哪儿还会欣赏（appreciate）这"梅花"一样的脚印？梅花的"凌寒独自开"、不怕寒冷的特点得到了人们的喜爱，作者把猫踩的脚印看成是梅花，并在前面加一"小"字，不正表现了他爱猫的真情吗？

［4］再看看文章最后一小节的第一句——"满月的小猫更可爱，腿脚还不稳，可是已经学会淘气。""淘气"，按照词典的解释，是"顽皮、让人生气"的意思，但从本节下文对"淘气"的仔细描写看，就不仅仅（not only）是这个意思了。

［5］瞧，小猫"没完没了"地耍⑤鸡毛、线团之类的玩意儿，"不知要摔⑥多少跟头"，"也不哭"，"胆子越来越大"。可见，作者用的"淘气"一词，已经是给了它新的含义："机灵（smart）、勇敢"和"天真可爱"。

［6］希望我们在学《猫》这篇散文时，要细细体会，作者是怎样把爱猫的深情用词语表达出来的，也就是学会怎样用词，因为恰当巧妙地用词能使文章更生动（lively）。

(选自《语文天地》)

---

① 亲昵（qīnnì）: very intimate
② 人情味儿（rénqíngwèir）: human kindness
③ 蹭（cèng）: rub
④ 遗憾（yíhàn）: regret
⑤ 耍（shuǎ）: play with
⑥ 摔（shuāi）: fall

一、根据文章内容填空，完成重要概述。

　　A. 体现了极浓的人情味儿
　　B. 是"顽皮"的意思
　　C. "机灵、勇敢"和"天真可爱"

D. 在词语运用方面
E. 并在前面加一个"小"字

《我们家的猫》这篇文章的作者是语言大师——老舍先生，他用了不到六百字的篇幅，把猫的古怪性格和刚满月的小猫可爱的特征描写得十分生动。__1__ 更有独到之处：寓情于词语之中，字里行间饱含着他对猫的一片喜爱之情。

文章的开头，老舍把猫当成小孩子来描写，__2__，爱猫的一片深情凝于笔端。作者将猫所踩的脚印喻为梅花，__3__，不正反映了他爱猫的真情吗？"淘气"，按字面讲，__4__，作者选用的"淘气"一词，已经给了它新的含义：__5__，表现了作者爱猫的无限深情。

二、根据文章内容选择正确答案。（从ＡＢＣＤ四个选项中选择一个最佳答案）

1. 文中说"即使不对猫生气，也会感到十分遗憾"，"遗憾"的事是指：（   ）
   A. 猫在稿纸上踩了脚印　　　　　　B. 不好看的景色
   C. 猫在稿纸上踩的脚印很脏　　　　D. 令人生气的事情

2. 第［3］段中"凌寒独自开"的意思是：（   ）
   A. 只有梅花不怕寒冷　　　　　　　B. 只有梅花在冬天开放
   C. 梅花和其他花不一样　　　　　　D. 梅花在冬天死去

3. 根据文章，下面哪种说法正确？（   ）
   A. 老舍爱梅花　　　　　　　　　　B. 老舍爱小孩
   C. 猫爱梅花　　　　　　　　　　　D. 老舍爱猫

4. 作者对老舍《我们家的猫》一文的态度是：（   ）
   A. 挑毛病　　　B. 欣赏　　　C. 分析缺点　　　D. 找问题

三、根据文章内容填空。

1. 老舍先生是一位_____。
2. 《我们家的猫》一文中，很多简单词语有了新的含义，体现了老舍的_____和他爱猫的真情。
3. 我们在学《猫》这篇散文时，应该学会_____，因为恰当巧妙地用词能使文章更_____。

文章二　"蔬""菜"的婚礼

【通读　约710字】

［1］中午，南海路一家饭店门口，两个纸做的娃娃手拿牌子，上面写着：欢迎参加蔬菜婚礼。

［2］仔细一看，两个娃娃，一个是头戴白纱（shā）的"青椒①小姐"，一个是身穿西服的"土豆先生"。走进饭店，在门前的大屏幕上，有一行字幕②：

① 青椒（qīngjiāo）：green pepper
② 字幕（zìmù）：caption

本是园中的蔬菜，
变成人间好佳偶③。
酸甜苦辣④一锅烧，
只要青菜不要肉。

[3] 婚礼开始。新娘（bride）、新郎（bridegroom）手挽（wǎn）手走出，两边站的亲友，向他们扔出小红辣椒。有客人不明白，"红辣椒表示日子红红火火嘛！"另一人回答。

[4] 新人上台，新娘捧的不是鲜花，而是一把菜。新娘解释，她的手捧花由莴笋（wōsǔn）尖做绿叶、西兰花、青辣椒、红辣椒、萝卜缨⑤做花，是一把幸福又健康的"菜花"。

[5] 原来，因为新娘姓舒，新郎姓蔡，所以这场婚礼的主题，是"蔬菜缘⑥"。

[6] 不但现场大量用蔬菜做装饰（ornament），婚宴⑦的主菜也全是蔬菜。数一数，一桌18道菜，其中13道是素菜（vegetable）。"送几百块钱的礼（gift），就请我们吃小菜吗？"整整30桌客人，其中有人打趣道。

[7] 一动筷子，客人们忍不住都叫起好来。"好吃！鲜！""这个菜很有味道！""婚宴的大鱼大肉吃够了，第一次吃到这么可口（delicious）的菜。"

[8] 在客人们举杯时，大屏幕⑧上放出一段DV短片。新娘、新郎的二十多名同事，身穿厨师服、博士服，自编自演了一台名叫《蔬菜生活》的美食节目。中间还有新娘、新郎的甜蜜（sweet）照片，吸引了大家的目光。

[9] 这时，新娘、新郎举起酒杯，向客人敬酒。新娘说："这次婚宴所有的菜，都是仔细挑选的，口味也是专门请厨师做了特别的设计，希望用最简单的原料，做出健康美味的小菜，就像我们，用最简单的感情，守护（guard）这幸福美满（happy）的婚姻。"

（选自《重庆晚报》）

③ 佳偶（jiā'ǒu）：a happily married couple 好夫妻
④ 酸甜苦辣（suān tián kǔ là）：sour, sweet, bitter and hot

⑤ 缨（yīng）：tassel

⑥ 缘（yuán）：predestined relationship 缘分
⑦ 婚宴（hūnyàn）：wedding banquet

⑧ 屏幕（píngmù）：screen

一、根据文章内容判断正误。（正确的画"√"，错误的画"×"）

1. 一家酒楼举办了一次特殊婚礼。　　　　　　　　　　（　　）
2. 结婚的是"青椒小姐"和"土豆先生"两种蔬菜。　　（　　）
3. 新娘姓舒，新郎姓蔡，所以婚礼的主题是"蔬菜缘"。（　　）
4. 婚宴的主菜没有肉食。　　　　　　　　　　　　　　（　　）
5. 没有肉食的原因是为了省钱。　　　　　　　　　　　（　　）
6. 新郎新娘不吃肉。　　　　　　　　　　　　　　　　（　　）
7. 这次婚宴所有菜品的原料都很简单。　　　　　　　　（　　）
8. 参加婚礼的人都吃得不舒服。　　　　　　　　　　　（　　）

二、根据文章内容选择正确答案。（从ＡＢＣＤ四个选项中选择一个最佳答案）

1. "一桌18道菜，其中13道是素菜"中的"素菜"是指：（　　　）
   A. 蔬菜　　　　B. 鱼　　　　C. 肉　　　　D. 白菜

2. 第［6］段"有人打趣道"中"打趣"的意思是：（　　）
   A. 觉得有趣　　　B. 觉得无趣　　　C. 开玩笑　　　D. 想打架

3. 根据文章，下面哪种说法不正确？（　　）
   A. 人们对婚宴的大鱼大肉吃腻了
   B. 婚礼上的素菜很合客人的胃口
   C. 红辣椒象征日子红红火火
   D. 新娘新郎在电视上做了一档美食节目

文章三　中式英语

【通读　约590字】

① 摘要（zhāiyào）：summary, abstract

墨西哥《改革报》发表了一篇文章，题目是"中国的英语热和中式英语文化"。摘要①如下：

中国的中高收入阶层（stratum）每天都在拼命学英语，因为英语能力强，可以得到更好的工作。近1/4的中国人都在学英语，再过一代人的时间，中国能够用英语交流的人数将与美国人数一样。

一名北京大学英语系二年级的学生说，在学校里，英语被认为是最重要的学科之一，因为英语成绩影响到能不能进入好的大学。20年前，会说英语的中国人只有几万人，如今上千万中国人都在努力学习这种语言。

专家们指出，由于中国有严格的考试，大部分认真学习的学生都能够达到中等读写水平。对于所有中国学生来说，说英语是非常困难的，因此，许多学习方法都在读和写上。

中国学生的腼腆性格也影响到语言学习的效果。"疯狂英语"对这一问题的特殊学习方法，在中国很受欢迎，它鼓励（encourage）学生大胆（daring）说英语。

同时，"中式英语"也成为中国一个有趣的文化现象。餐馆的菜单上会出现"strange juice（奇怪的果汁）"，厕所门口会有"civilized urinating（文明小便）"的牌子。

城市里，很多广告都有这种"中式英语"，有语法和拼写错误，但是符合汉语语言习惯，这种语言常常使外国游客大笑起来。

德国汉学家拉特克认为，一部分"中式英语"应该成为学习的内容，不能简单地将中式英语看做外国游客眼中的笑料（jape），而应该看做是一种文化财富。

有些"中式英语"的表达方式已经在英语国家使用。例如"long time no see（好久不见）"，现在很多美国人都这样说。

一、根据文章内容选择正确答案。（从ＡＢＣＤ四个选项中选择一个最佳答案）

1. 这篇文章的文体是：（　　）
   A. 新闻报道　　　B. 报纸摘要　　　C. 小论文　　　D. 调查报告

2. 文章的题材属于：（   ）

   A. 政治外交　　　　B. 经济贸易　　　　C. 语言文化　　　　D. 历史地理

3. 文章中没有提到以下哪个选项？（   ）

   A. "中式英语"是笑料　　　　　　　B. 中国学生说英语困难

   C. "疯狂英语"的学习方法　　　　　D. 许多学习方法都集中在听和说上

4. 文章对于"中式英语"的态度是：（   ）

   A. 应该宽容地接受　　B. 应该改正　　　C. 应该消灭　　　　D. 应该学习

二、回答问题。

举例说明什么是"中式英语"。

文章四　藏式小旅馆

【略读　约570字　参考时间：7分钟】

对于许多旅行者来说，拉萨城，除了蓝蓝的天空、红白的寺庙之外，还有他们喜欢的藏式小旅馆。这小小的空间，让来自世界各地的游客感到放松。

像许多藏式小旅馆一样，八朗学不大，藏在街上花花绿绿的店铺之中。要不是旅馆挂有汉、藏、英三种文字的牌子，游客们随时都有错过它的可能。

一个女孩，叫李青，来自广东。来西藏之前，她从网上看到了许多有关西藏游的信息，八朗学就是她从网上找到的。在这样的小旅馆里，既可以喝到地道的酥油茶，也能尝到真正的爱尔兰咖啡。也许正是这种中西结合的方式，使拉萨的藏式小旅馆的生意越来越红火。

在拉萨，有十多家藏式小旅馆，八朗学小有名气。作为拉萨第一家藏式小旅馆，八朗学是中国唯一一家获得世界旅游组织评选的"全球十佳山地旅馆"称号的旅馆。

八朗学的名气远远不是因为价格便宜。如果你住在这里，会发现它的许多特别之处。院子里有个告示栏，上面贴满留言条①，内容包括租车、卖行李、找伙伴等，五花八门。香港女孩钟小新在上面贴了个留言，希望找到一起出游的朋友。不久，很多人和她联系。最后她选择了两个深圳女孩。在八朗学，人们就这样认识了……

在这里，人们变得更容易相处。来自世界各地的人们，交流着旅行的快乐与辛苦，不同的文化在这里交融（jiāoróng）。来自四川的张先生，刚开始

① 留言条（liúyántiáo）: message slip

② 冒险（màoxiǎn）：take a risk

来拉萨时，想要的是冒险②。可当他走进八朗学，住在这里时，感到更多的是一种平和的生活方式。

一、根据文章内容选择正确答案。（从ＡＢＣＤ四个选项中选择一个最佳答案）

1. 下面哪一项不是拉萨城本来就有的？（   ）
   A. 游客　　　　　B. 拉萨河　　　　C. 喇嘛庙　　　　D. 藏式小旅馆

2. "八朗学"是指什么？（   ）
   A. 一个旅游者　　　　　　　　　B. 一个藏式小旅馆
   C. 一个人名　　　　　　　　　　D. 一个学校

3. "在八朗学，人们就这样认识了"的意思是：（   ）
   A. 人与人之间只有信息交流　　　B. 人与人之间联系方式很原始
   C. 人与人之间联系很有好处　　　D. 人与人之间认识很简单方便

二、根据文章内容判断正误。（正确的画"√"，错误的画"×"）

1. 在八朗学，可以喝到地道的酥油茶。　　　　　　　　　　（   ）
2. 在八朗学，能品尝到醇正的爱尔兰咖啡。　　　　　　　　（   ）
3. 八朗学服务是中西结合的方式。　　　　　　　　　　　　（   ）
4. 在八朗学可以上网。　　　　　　　　　　　　　　　　　（   ）
5. 八朗学在拉萨小有名气。　　　　　　　　　　　　　　　（   ）
6. 八朗学是中国唯一一家山地旅馆。　　　　　　　　　　　（   ）
7. 八朗学价格便宜。　　　　　　　　　　　　　　　　　　（   ）
8. 八朗学与其他旅馆差不多，没有什么特别之处。　　　　　（   ）
9. 八朗学院子里有个广告栏。　　　　　　　　　　　　　　（   ）
10. 来到八朗学可以体验到冒险。　　　　　　　　　　　　（   ）

如何做素炒①土豆丝

① 素炒（sù chǎo）：vegetable stir-fry
炒菜时不加肉的做法

【查读　约360字　参考时间：7分钟】

土豆可以有许多做法，可以单独做，也可以与其他蔬菜搭配（match），这里介绍一下素炒土豆丝的做法。

用料：

土豆2-3个（中等大小）、花椒（seeds of Chinese prickly ash）7-8粒、醋、盐、味精（gourmet powder）、食用油。

方法：

第一步：把土豆洗净，削皮（pare），切成细丝（shred）。然后将细丝放入小盆里，加入凉水，泡5-10分钟，捞出（fish out），晾干（dry by airing）水分，备用。

第二步：炒锅放油，用中火烧至7成热，放入花椒，炸出香味，等花椒变黑，将花椒取出。

第三步：用大火热油，油热后，放入土豆丝炒片刻（awhile），土豆丝变半透明（translucent）色，放盐、味精适量，再炒1-2分钟，然后加些醋，炒一下，出锅。

提示：

● 炒土豆丝，加一点儿醋，可以使土豆丝变脆（crisp），吃起来口感好，并且味道好，但不要多放。

● 喜欢吃辣的人可以放些尖椒（chili）丝一起炒，又提味儿① 又好吃。

● 炒土豆丝不要放酱油，否则炒出的颜色不好看。

① 提味儿（tíwèir）：make (food, dish, etc.) palatable or tasty

（选自网络文章）

一、根据文章内容判断正误。（正确的画"√"，错误的画"×"）

1. 土豆丝只能素炒。　　　　　　　　　　　（　　）
2. 炒土豆丝先放花椒。　　　　　　　　　　（　　）
3. 炒土豆丝应该在出锅前加醋。　　　　　　（　　）
4. 炒土豆丝放酱油就不能吃了。　　　　　　（　　）

二、根据文章内容填空。

素炒土豆丝的步骤是：

1. 准备土豆：把土豆_____净，_____皮，切成_____丝，加入_____水，泡_____分钟，_____出，_____干。
2. 炒时，先用_____炸花椒，再用_____炒土豆丝，最后放_____。
3. 炒土豆丝放醋是为了吃起来_____，如果放了_____，炒出的颜色就不好看。

（从本课中找出5-8个你觉得有用的词语或句子）

10 文章一　秀水街"秀"给你看

【细读　约970字】

北京有一条服装街，名气很大，顾客很多，世界各地的人都有，很多国家的总统都来过，它的名字叫秀水街。那么，秀水街为什么如此吸引消费者？秀水街到底"秀"在哪里呢？让我来告诉你。

首先，秀水街的商品齐全。从帽子、假发（wig）、箱包到袜子、皮鞋；从棉服、皮衣到真丝①睡衣、内衣，凡是可以穿、挂、用在身上的，在这里都可以买到。

其次，秀水街的服装物美价廉②。许多商品的价格是商场同样商品的三分之二或者是二分之一。来这里买东西，你会有意想不到的收获（gains）。

第三，这里是流行的榜样。来秀水街的小姐、先生们穿的衣服很有特点，从他们的衣服、打扮（dress up），可以看出他们来这里买东西，不仅仅是因为这里的服装价格便宜，他们对服装的眼光也很独特。他们是来寻奇货的。

因为秀水街在使馆区③，所以外国顾客比中国人还多。因此，卖服装的人，从五六十岁的老太太到十六七岁的小姑娘，都能说一口流利（fluent）的外语，这成了秀水街的一大"风景"。而那些长年住在中国的老外，砍价④的水平也常常很高。在这里，法味儿的、英味儿的、俄味儿的"我先转转，过会儿再回来"这样的话语，被不停地重复着。

这条街为什么被称为"秀水街"，没有人说得清。但人们称"秀"，而不是叫"美"，可能是帅气（handsome）多些，俗气（vulgar）少些。而"秀"字更能显出个性（personality），更与众不同⑤。也许，正是这个性和与众不同，才吸引了这么多人吧！

① 真丝（zhēnsī）：real silk

② 物美价廉（wù měi jià lián）：fine and cheap

③ 使馆区（shǐguǎnqū）：diplomatic district

④ 砍价（kǎnjià）：bargain

⑤ 与众不同（yǔ zhòng bù tóng）：out of the ordinary

一、根据文章内容判断正误。（正确的画"√"，错误的画"×"）

1. 秀水街是一条服装街。　　　　　　　　　　　　（　　）
2. 这条街都是装修豪华的名牌专卖店。　　　　　　（　　）
3. 秀水街的服饰品种齐全。　　　　　　　　　　　（　　）
4. 来秀水街购物的人都是外国富翁、中国大款。　　（　　）
5. 这里许多商品的价格很便宜。　　　　　　　　　（　　）

6. 来秀水街购物的人穿着很有个性。　　　　　　　　（　　）
7. 那些长住中国的外国人砍价的本领令人佩服。　　（　　）

二、根据文章内容选择正确答案。（从ＡＢＣＤ四个选项中选择一个最佳答案）

1. 很多国家的总统都曾经来过秀水街，说明这里：（　　）
   A. 很重要　　　B. 很有名　　　C. 很厉害　　　D. 商品很便宜

2. "凡是可以穿、挂、用在身上的，在这里都可以买到"，说明：（　　）
   A. 秀水街服装物美价廉　　　B. 秀水街的服饰品种齐全
   C. 秀水街是流行的前沿　　　D. 秀水街在使馆区

3. "他们是来寻奇货的"，这里的"奇货"意思是：（　　）
   A. 奇怪的人　　B. 奇怪的东西　C. 有特点的人　D. 与众不同的东西

4. "我先转转，过会儿再回来"的意思是：（　　）
   A. 委婉地拒绝买东西　　　B. 告诉别人"我"去哪里
   C. "我"没有时间　　　　　D. "我"没有钱

三、根据要求选择正确答案。（从ＡＢＣＤ四个选项中选择一个最佳答案）

1. 与"名气"的意思最接近的词语是：（　　）
   A. 名声　　　　B. 名誉　　　　C. 名字　　　　D. 名望

2. 与"独特"的意思最接近的词语是：（　　）
   A. 独自　　　　B. 独立　　　　C. 单独　　　　D. 独到

3. 与"俗气"的意思最接近的词语是：（　　）
   A. 普通　　　　B. 平常　　　　C. 一般　　　　D. 庸俗

文章二　四大创业经济

【通读　约640字】

年轻人要创业，哪些是创业新方向呢？下面这些你想到了吗？

一、绿色经济

21世纪的健康食品是绿色食品。现在，百姓生活水平一天比一天高，人们对食品的要求也越来越高，营养、健康很重要。绿色食品符合市场发展方向和百姓消费需求，具有很大的发展前途。

创业方向：绿色食品开发与生产、素菜馆等。

二、拇指（thumb）经济

从黑白文字的短信，到图片、文字都有的彩信彩铃……拇指经济创造了一个又一个市场奇迹，每年有300亿元用在这上面。中国现有手机用户5亿多，这个数字还在不断增长。因此，创业者只要有合适的项目，就能找到创业资助（financial aid）。

创业方向：移动网址、短信创作、手机音乐制作、手机游戏设计等。

三、汽车经济

汽车"后市场"经济，也就是人们买来汽车以后，还需要很多的服务。这是一个很大的市场，一个很大的商机。涉及汽车修理、保养、装修、美容、清洗、年检、安全、旧车买卖等多个方面。据调查，目前中国60%以上的家庭用车有汽车美容需求，70%的家庭用车，车主愿意安装安全设备……

创业方向：汽车美容、汽车装饰、汽车快修等，需要的投资约5-25万元。

四、DIY经济

在追求时尚、独特的时代，年轻人喜欢与众不同，他们不满足于商场里的现成商品，于是，DIY经济开始发展起来。与一般的小店不同，这些手工作坊（workshop）实行"Do It Yourself (DIY)"的新的消费理念，他们卖的不是产品本身，而是制作产品的过程。对消费者来说，是将自己的想法变为现实，感受创造的快乐；对创业者来说，是在感受一种新的创业方式。

创业方向：淘吧、银饰吧、十字绣小屋、手工玩具店、毛线编织吧等。

（选自网络文章）

一、根据文章内容选择正确答案。（从ＡＢＣＤ四个选项中选择一个最佳答案）

1. 本文提到的四种创业经济中，属于食品行业的是：（　　）
   A. 绿色经济　　B. 拇指经济　　C. 汽车经济　　D. DIY经济

2. 与移动通信密切相关的行业是：（　　）
   A. 绿色经济　　B. 拇指经济　　C. 汽车经济　　D. DIY经济

3. 投资汽车经济创业需要资金大约是：（　　）
   A. 1-5万元　　B. 5-25万元　　C. 20-50万元　　D. 50-70万元

4. DIY经济针对的消费者是：（　　）
   A. 儿童　　B. 年轻人　　C. 中年人　　D. 老年人

5. DIY经济的卖点是：（　　）
   A. 产品本身　　B. 制作产品的过程　　C. 创业者　　D. 消费者

二、说一说下面这些词语的含义。

1. 绿色食品

2. 拇指经济

文章三 细 节①

① 细节（xìjié）：details

【通读 约530字】

② 冰棍儿（bīnggùnr）：frozen sucker

③ 弹簧（tánhuáng）：(mechanical) spring

④ 风气（fēngqì）：general mood

夸张（exaggerate）地说，细节可以决定命运（fate）。

很久以前，我父亲的一个学生，通过别人介绍，认识了一位容貌（looks）平平的姑娘。第一次见面后，他决定继续保持联系，一个重要的理由就是：当他们在看电影的时候，那个女孩吃完了手中的冰棍儿②后，把包装纸缠（chán）在木棒上，一直拿在手里，直到走出影院才投进垃圾箱。她做得非常自然，不像是故意做出来的。一个细节，使他们最终走到一起。

我的一个女友在决定结婚大事时也强调（stress）了一个细节：有一次，她的男友在离开宾馆的房间时，将房间里的灯一个一个地关掉，就在那一时刻，她决定：就是他了！

细节，不仅仅表现在婚姻、恋爱上，在日常生活中，对于一个人的评价（evaluate），也常常要受到一些细节的影响。一个有名气的女作家曾表示，她不能忍受男性肩膀（shoulder）上的头皮屑（xiè）。

我呢，比较注意的是走玻璃弹簧③门。很多人进门后就放手，根本不顾后面跟着进来的人。每次走到门前，只要前面有人，我都要作好被撞的准备，或者用手去挡。有时候，我还离门很远，一个不认识的人在那里为我挡着门，直到我接过那扇门，我非常感动。我想，这样的人，一生可能不会做什么坏事。

许多生活中的细节，都不只是自己一个人的事，它关系到别人和整个社会的风气④，同时也是自己教养的表现。

（选自许云倩文章）

一、根据文章内容判断正误。（正确的画"√"，错误的画"×"）

1. 文章认为，细节有时候可以决定命运。（　　）
2. 文章中那位容貌平平的姑娘很注意细节。（　　）
3. 作者朋友的男友在离开宾馆的房间时忘记了关灯。（　　）
4. 细节只表现在婚姻和恋爱问题上。（　　）

二、为下列句中画线部分选择合适的解释。（从ＡＢＣＤ四个选项中选择一个最佳答案）

1. 夸张地说，<u>细节可以决定命运</u>。（　　）
   A. 细节很重要　　　　　　　B. 细节和命运有关系
   C. 细节就是命运　　　　　　D. 命运是细节决定的

2. 一个细节，<u>使他们最终走到一起</u>。（　　）
   A. 他们结婚了　　　　　　　B. 他们走在路上
   C. 他们成为了朋友　　　　　D. 他们认识了

3. 她决定：就是他了！（　　）
   A. 他是好人　　　　　　　B. 他是坏人
   C. 她选择他做丈夫了　　　D. 可以先跟他做朋友

4. 对于一个人的评价，也常常要受到一些细节的影响。（　　）
   A. 细节与评价没有关系　　B. 细节影响评价
   C. 评价影响细节　　　　　D. 评价与人有关系

5. 许多生活中的细节，都不只是自己一个人的事。（　　）
   A. 细节影响别人　　　　　B. 细节影响自己
   C. 细节影响社会　　　　　D. 细节都是别人注意的

文章四　信息①综合征

① 信息（xìnxī）: information

【略读　约550字　参考时间：7分钟】

② 胃（wèi）: stomach

正如一个人的胃②接受不了太多的食物一样，人的大脑，也不是什么都可以装得下去。如果往里边不停地装东西，就会出现信息综合征（information syndrome），表现是头昏（hūn）、恶心（feel nauseous）、不安、手出汗等。

比如，有的人会有下面的这些情况：
● 总是埋怨（complain）自己的脚步太慢，追不上周围的变化。
● 读不完桌子上一大堆的报纸杂志，感到不安。
● 有些事以为了解，却又不知道怎样解释。
● 不能按照说明书把一辆自行车装好，心里很难过。
● 害怕不会使用，所以不买新手机。
● 没有看过某一本书，就说这本书好极了。
● 因为不好意思，说不出"我不知道"这句话。

这些人其实是心理出了问题——得了信息综合征。他不知道，人活着，有些事情不必（need not）知道，有些事情不必问，有些事情，问了也不了解，等于白问，还不如不问。你只需要知道"在哪里我可以找到我想要的信息"，而且要"真正明白我要知道的信息"。

比方说，吃饭，是为了满足人活着的需要，想吃什么，能吃多少，要根据自己的情况来决定，吃多了不行，吃了不能消化（digest）的东西也不行。

接受信息也是这样。首先，要挑选那些你可以理解和接受的信息，然后，要根据自己的情况进行处理。另外，睡眠充足（sufficient）、合理安排时间、适当（suitable）吃喝、适当运动，可以增强身体健康，对选择消化、吸收（absorb）信息也大有好处。

（选自《新民晚报》，作者高建固）

一、根据文章内容判断正误。（正确的画"√"，错误的画"×"）

1. 人的胃接受不了太多的食物。　　　　　　　　　　　（　　）
2. 人的大脑什么都可以装得进去。　　　　　　　　　　（　　）
3. 信息综合征就是信息有问题。　　　　　　　　　　　（　　）
4. 吃饭是为了满足人活着的要求。　　　　　　　　　　（　　）
5. 接受信息首先要挑选可以理解和接受的信息。　　　　（　　）
6. 睡眠可以帮助大脑消化、吸收信息。　　　　　　　　（　　）

二、回答问题。

1. 信息综合征有哪些表现？

2. 怎样正确接受信息？

《中国大百科全书①（第二版②）》出版发行③

① 大百科全书（dàbǎikē quánshū）：encyclopaedia
② 版（bǎn）：edition
③ 发行（fāxíng）：publish

[查读　约350字　参考时间：8分钟]

《中国大百科全书（第二版）》，经过总编辑委员会和全国各界专家学者14年的努力，已经修订完成。近日，由中国大百科全书出版社出版发行。

《中国大百科全书》是中国第一套全面介绍人类各门学科知识、符合国际惯例的大型综合性百科全书，是国家的一项文化建设。

《中国大百科全书（第二版）》是第一版的修订重编版，它充分吸收了当今世界各个学科和知识领域的最新成果，共32卷，60,000个条目，30,000幅图片，1,000幅地图，共6,000万字，是一部现代大型综合性的百科全书。

《中国大百科全书（第二版）》增加了大量新的条目（entry），更新（renew）了旧的条目，合并（merge）了重复条目，修改了不变的条目，使原书得到了进一步完善（consummate）。

全书准确性、权威性（authority）、可读性都很强，使用方便。

与原书相比，它是新一代的百科全书，也是一套适合老百姓阅读使用的工具书。

根据文章内容选择正确答案。（从ＡＢＣＤ四个选项中选择一个最佳答案）

1. 这是一篇：（　　）
    A. 广告　　　　　　B. 消息　　　　　　C. 散文　　　　　　D. 小品

2. 《中国大百科全书（第二版）》修订用了多少年？（　　）
    A. 2年　　　　　　B. 10多年　　　　　C. 30年　　　　　　D. 32年

3. 关于《中国大百科全书（第二版）》，文中没有提到：（　　）
    A. 插图　　　　　　B. 地图　　　　　　C. 卷数　　　　　　D. 价格

4. 《中国大百科全书（第二版）》的读者是：（　　）
    A. 学生　　　　　　B. 普通大众　　　　C. 领导者　　　　　D. 中国人

日积月累

（从本课中找出5-8个你觉得有用的词语或句子）

11

文章一　美女与流行

【细读　约650字】

时尚，就是社会上流行的事情。时代变了，时尚就会变。时尚的亮点——美女标准也在变。

20世纪三四十年代的美女，穿旗袍（cheongsam）的多，我们可以从书、日历和照片中看到。除了旗袍美女外，还有小脚的女人、电影明星等美女。美女有很多种，对她们的形容也多，国色天香①、樱桃（cherry）小口……，听起来挺舒服的。

50年代的美女，大都打扮得像俄罗斯人，不是穿着列宁装，就是穿着布拉吉（blagi, a type of dress），样子朴实②，青春热情。

60年代的美女，有点儿特殊，因为受政治的影响，都穿着草绿色军装，也有穿灰色劳动布工作服和红色毛衣的。

到了70年代，人们把美女说成盘儿亮、条儿顺。盘儿，指的是脸盘儿，亮就是漂亮；条儿，指的是身材，顺就是顺眼的意思。那时候，谁家的姑娘漂亮，总是说，长得跟电影演员似的。

80年代，改革（reform）开放以后，中国人看到了好莱坞（Hollywood）电影明星，也知道了什么叫性感（sexy）。这是新的美女标准。除了性感，白领丽人、纯情、清丽等，也是对20世纪80年代美女的评价。80年代对美女的区分越来越细，只要有其中一条，就算是美女了。

20世纪90年代，港台文化流行，很多东西得专门去问女生男生，因为时尚的事物只有他们说了才算。"靓（liàng）"算是美女的标准之一，但"靓"到底包含了哪些内容，又说不清，至少有"亮"的意思吧。"酷（kù）"大概也算是美女的一种标准，它的意思好像有点儿冷，它告诉你，看美女时不但要看她的外表，还要注重她的气质（temperament）和穿着打扮。

以上各种美女，现在都已经过时了，因为，她们都是上一个世纪的标准了。

新世纪里，美女应该是什么样的呢？您说说吧。

（选自《新都市报》，作者雪凡）

① 国色天香（guó sè tiān xiāng）: of peerless beauty and heavenly fragrance

② 朴实（pǔshí）: simple and plain

一、根据文章内容判断正误。（正确的画"√"，错误的画"×"）

1. 20世纪三四十年代美女穿旗袍的比较多。　　（　　）
2. 樱桃小口是形容美女的词语。　　（　　）
3. 50年代的美女都是年轻人。　　（　　）
4. 60年代的美女大都穿军装。　　（　　）
5. 70年代，美女都是电影演员。　　（　　）

6. 有些中国人原来不知道什么叫性感。　　　　（　　）

7. 90年代，中国大陆港台文化流行。　　　　　（　　）

8. "靓"、"酷"都是评价美女的标准。　　　　　（　　）

二、根据文章内容选择正确答案。（从ＡＢＣＤ四个选项中选择一个最佳答案）

1. 20世纪三四十年代的美女怎么样？（　　）
   A. 美女多　　　　　　　　　　B. 美女种类多
   C. 人们对美女看法多　　　　　D. 什么人都算美女

2. "50年代的美女，大都打扮得像俄罗斯人"，这句话的意思是：（　　）
   A. 那时的美女喜欢俄罗斯人　　B. 那时的美女都是俄罗斯人
   C. 打扮成俄罗斯人就是美女　　D. 美女喜欢俄罗斯式样的服装和打扮

3. "60年代的美女，有点儿特殊"，是因为：（　　）
   A. 那个时代美女不美　　　　　B. 那个时代没有美女
   C. 美女受到时代影响　　　　　D. 那个时代不爱美女

4. 下面哪一项不是20世纪80年代美女的标准？（　　）
   A. 性感就是美女　　　　　　　B. 白领丽人就是美女
   C. 纯情清丽就是美女　　　　　D. 瘦就是美女

5. "以上各种美女，现在都已经过时了"，这句话的意思是：（　　）
   A. 现在没有美女　　　　　　　B. 现在美女都老了
   C. 现在美女都死了　　　　　　D. 现在美女标准改变了

三、根据文章内容连线。

20世纪三四十年代　　　小脚美女
　　　　　　　　　　　靓女、酷女
50年代　　　　　　　　打扮得像俄罗斯人的美女
60年代　　　　　　　　性感美女
70年代　　　　　　　　军装工作服美女
　　　　　　　　　　　旗袍美女
80年代　　　　　　　　电影演员似的美女
90年代　　　　　　　　白领丽人式美女

文章二　领子变化多

【通读　约640字】

　　文明的进步，可以从两个方面看：一是工具的变化，二是人的社会分工的变化。

人因社会分工形成不同的阶层，有一个一般的说法："X领"阶层，它反映了人的社会地位（social class）和在生产中干的事情。如"白领阶层"指管理（manage）人员，在资本家（capitalist）和普通工人之间，也称为"高级打工者"。

香港著名的大公司，有一批"高级打工者"，他们一年的工资，远远超过一般富人，被称为"打工皇帝"。

普通工人被称为"蓝领"，以体力劳动为主，是工厂车间（workshop）里的劳动者。因为工业自动化（automation）的发展，慢慢被"钢领"代替（replace），也就是自动生产线或者机器人等，"钢领"正代替工人，成为生产中的重要角色。

生产自动化水平的提高，或者说"钢领"阶层，直接带来两个结果：一是劳动生产力（productivity）水平的提高，二是为社会增加了大量失业者，推动了社会第三产业——服务业的扩大。

在服务业中，又出现了以女性为主的"粉领"阶层。"粉领"是第三产业的主要人员，在服务性行业中，"粉领"很重要。

德国BAT休闲生活研究所，根据信息社会的特点提出了"金领"这个词语，称为"@世代"。它是指年龄在14至29岁之间，和电视、电脑与互联网一起成长起来的一代人。他们是信息时代的新人类。因为21世纪是完全信息化的时代，所以"@世代"会成为21世纪的"金领"阶层。

不管这种说法对不对，信息社会正改变着我们的社会结构，形成新的社会阶层。不同的是，"白领"、"蓝领"、"钢领"、"粉领"等社会阶层都是社会生产的一个特殊阶层，而"@世代"、"金领"阶层则带有更多的想象（imagination）色彩。

（选自《文汇报》，作者郁祖林）

一、根据文章内容连线。

白领　　　　普通工人阶层
蓝领　　　　管理阶层，介于资本家和普通工人之间
钢领　　　　信息时代的新人类
粉领　　　　自动生产线或机器人等
金领　　　　服务业中，以女性为主体

二、根据文章内容判断正误。（正确的画"√"，错误的画"×"）

1. 人因社会分工的不同形成不同的阶层。　　　　　　（　　）
2. "领子"反映人的社会地位及在生产中所扮演的角色。（　　）
3. "打工皇帝"是指自己做老板的人。　　　　　　　　（　　）
4. "钢领"即自动生产线或机器人等。　　　　　　　　（　　）
5. 服务业的"粉领"阶层中，全部是女性。　　　　　　（　　）
6. "@世代"阶层的年龄在14至29岁之间。　　　　　　（　　）

7. "金领"阶层是假想的。　　　　　　　　　　　　　　（　　）
8. 未来，人只能从三种职业选择中寻找自己的社会位置。（　　）

三、根据文章内容排序。

1. 普通工人阶层称为"蓝领"
2. 其作用渐渐被所谓的"钢领"取代
3. 随着工业自动化的发展和生产自动化水平的提高
4. "钢领"阶层直接带来两个结果
5. 这推动了社会第三产业即服务业的扩大
6. 一是劳动生产力水平的提高，二是为社会增加了大量失业者

正确顺序是：_____

文章三　误人的抱怨

【通读　约490字】

有的人总是不顺心。他们一开电脑就死机，一开车就被警察罚款①，一提意见就被反对。他们是最容易被小商贩（small retailer）欺骗的那一个，考试作弊②唯一被抓住的人。他们是一群倒霉（unlucky）的人。

是不是其他人都比他幸运？当然不是。所有人面对的问题是同样的，不过是有些人太注意生活中不好的一面，并把它放大，好像在显微镜③下生活。

紧张的情绪（mood），表现了内心深处的不安全感。对于爱不满的人来说，这种不安全感是对自己深刻（deep）的不满意。它有可能来自于家庭。如果在自我意识形成的青少年时期，一个人经常受到来自家庭的消极（negative）批评，或父母经常把自己的孩子与亲友孩子比较，时间长了，他也会对自己不满意，对自己提出很高的要求，对周围其他人提出很高的要求。

长期这样，成了习惯，即使他并不真的讨厌一个人、一件事，也要批评。到了这时候，他就很难看到自己好的一面，认识到自己的价值和优点。

这样的人遇到的最大麻烦是人际关系。他们特别容易让别人讨厌，和别人交流不好，很难与人建立积极（positive）友好的人际关系。人们会躲开这样的人。在单位，领导为了避免麻烦，可能不敢让他去做重要的工作，他可能因此失去很多机会。

（选自《中国青年报》，作者冯玥）

① 罚款（fákuǎn）: impose a fine

② 作弊（zuòbì）: cheat（in an exam）

③ 显微镜（xiǎnwēijìng）: microscope

一、根据文章内容选择填空，完成概要重述。

A. 一群倒霉的人
B. 仿佛在显微镜下生活

> C. 当然不是
> D. 到了这个地步
> E. 有时这种感觉可能来自于家庭
> F. 久而久之

有的人总是不顺心。他们一开电脑就死机，一开车就被警察罚款，他们是___1___。

是不是其他人都比他幸运？___2___。所有人面对的问题是同样的，只不过有些人过于注意生活中消极的一面，并把它放大，___3___。

对于爱抱怨的人来说，这种不安全感是因为对自己深刻的不满意。___4___。如果在青少年时期，一个人经常受到来自家庭的消极评价，或他的父母经常拿他与亲友孩子相比，___5___，他也会对自己不满意，对自己及周围环境提出苛刻要求。

时间长了，抱怨成了习惯，就算他并不真的讨厌某人某事，___6___，他也就很难看到自身优势的一面，认识到自身价值。

二、词语连线。（互为反义词）

倒霉	消极
不满	幸运
积极	满意
反对	喜欢
紧张	轻松
讨厌	赞成

文章四　两文三语

【略读　约490字　参考时间：7分钟】

王琪来自人民大学，通过学校的交流项目（project），她在香港大学做了一个学期的交流生。

"从说标准普通话的北京到香港，我以前一直担心会遇到语言上的困难。可事实上，我一句粤语①也不会，却在香港生活了4个月。"王琪笑着说。

"课堂上，老师使用英文上课，课下，与同学可以用普通话交流。香港人都能听得懂普通话，也有越来越多的人会说。英文加上普通话，在香港生活完全不成问题。"她这样说。

在香港，大部分人把粤语作为第一语言，在日常生活中使用，不少在香港的外国人也会说一口流利的粤语。

由于历史原因，英文长期作为香港唯一使用的官方（official）语言，在商业和高等教育中普遍使用。随着香港回归（return）中国，与内地（inland）交流增多，普通话的使用也在慢慢多起来。

---

① 粤语（yuèyǔ）：Cantonese (dialect)

如今的香港，中、英文仍是官方语言，政府实行"两文三语"的语文教育政策（policy）：中、英文书写，粤语、英语和普通话为口语。

香港回归以来，一直实行母语教学政策。"两文三语"的语言政策，使香港成为国际化大都市，又是一个窗口，沟通内地与英语世界。

香港大学的许志光教授说："香港语言文化的最大魅力②，就是它是沟通中西方文化的桥梁（bridge）。从香港，你可以看到祖国，也可以看到整个世界。"

② 魅力（mèilì）：charm

一、根据文章内容判断正误。（正确的画"√"，错误的画"×"）

1. 王琪来自香港大学。（　　）
2. 王琪一句粤语也不会说。（　　）
3. 课堂上老师使用普通话上课。（　　）
4. 英文加上普通话，在香港生活完全不成问题。（　　）
5. 在香港，大部分人把普通话作为第一语言。（　　）
6. 不少在香港的外国人也会说一口流利的粤语。（　　）
7. 如今的香港，中、英文书写，粤语、英语和普通话为口语。（　　）
8. "香港回归以来，一直实行母语教学政策"中的"母语"是指汉语。（　　）

二、根据文章内容填表。

两文（书写）	三语（口语）
1.	1.
	2.
2.	3.

体检通知

【查读　约460字　参考时间：6分钟】

2012年毕业生体检通知

各学院：

　　2012年毕业生（本、硕、博、双学位）的体检工作将于2012年3月5日至3月9日进行，各院系具体体检时间见体检日程安排或上招生就业处网查看。

　　请各位同学按时参加。

校医院

2012年2月

2012年毕业生体检日程安排

时间		学生类别	单位	体检内容
3月5日（周一）	上午 8:00–10:30	本、硕、博、双	财经学院、理学院、历史学院、信管学院、艺术学院	五官科 身高 体重 血压 肝功 视力 内科 外科 胸透 肝功化验
3月6日（周二）	同上	同上	法学院、国关学院、国学院、环境学院	
3月7日（周三）	同上	同上	经济学院、劳人学院、农发学院、公管学院	
3月8日（周四）	同上	同上	商学院、马列学院、文学院	
3月9日（周五）	同上	同上	哲学院、统计学院、外语学院、信息学院、新闻学院	

注意事项：
1. 体检表一律贴本人照片，并认真填写院系名称、姓名、性别、年龄、学号。
2. 体检当天需空腹（不吃东西），化验肝功。
3. 严格遵守各院安排的体检时间，体检表丢失，责任自负。
4. 本科、硕士、博士现场交费，领取体检表、化验单。（50元）
5. 体检完毕，体检表务必交到大厅收表处，不得自己带走。

校医院、教务处
2012年2月

根据通知内容填空。

1. 文学院毕业生的体检时间是_____。
2. 体检内容包括_____。
3. 体检的时候应该带_____。
4. 体检完后，注意不要_____。

日积月累

（从本课中找出5-8个你觉得有用的词语或句子）

12 文章一 "孔子的房子"

【细读 约670字】

孔子像

大成殿

[1] 美国小伙儿金泊亮来北京学中文。一天，他向老师提出，要到"孔子的房子"看看，老师一头雾水。

[2] "孔子的房子"？我在北京城住，也有好多年了，怎么没听说过这地方？老师想了好半天，忽然想到，他说的可能是孔庙[①]国子监[②]。问他是不是，这小伙儿高兴地点了点头。老师告诉他坐车路线，第二天他就去了。

[3] 把孔庙说成是"孔子的房子"，这美国小伙儿挺有想象力，他想得挺有意思，也挺有道理。

[4] 北京的孔庙，确实是"孔子的房子"。它在东城区，与元、明、清三代的最高学府——国子监是邻居。坐北朝南，按照"左庙右学"的规矩（rule），孔庙在左边，国子监在右边。

[5] 孔庙建成于1306年，为元、明、清三代祭孔的地方。它还有一个名字叫"先师庙"。院子有三个门。大门称先师门，第二个门叫大成门，主要建筑是大成殿[③]。

[6] 金泊亮进门之后，向孔子像鞠躬[④]。然后，在"孔子的房子"里转了好长时间。看看这儿，看看那儿。他说，在美国时，他就知道这地方，很想来看看，如今，愿望实现（realize）了。

[7] 出了孔庙，就到了国子监。国子监是元、明、清三代的最高学府，也是当时的国家教育管理单位。

[8] 国子监里什么样呢？院子也是三个门，里面有：集贤（xián）门、太学门、东西讲堂等。当时教学的课程有：礼、乐、律、射（shè）、御（yù）、书、数等。谁要是从那儿学完了出来，那可是了不起的人物。

---

① 孔庙（Kǒng Miào）: Confucian temple
② 国子监（guózǐjiàn）: Directorate of the Imperial Academy
③ 大成殿（Dàchéng Diàn）: Hall of Great Achievements
④ 鞠躬（jūgōng）: bow

[9] 听说国子监在清朝时，还有外国留学生。金泊亮在院子里转的时候，觉得自己也是其中的一个。

[10] 无论是孔庙，还是国子监，都是宽大的院子，到处是古树、花木，是个读书学习的好地方。

（选自《人民日报·海外版》，作者国昌）

一、根据文章内容选择填空，完成概要重述。

美国小伙儿金泊亮要看的"孔子的房子"就是__1__。它位于东城区国子监街，与元、明、清三代的最高学府——国子监是邻居，都是__2__。孔庙还有一个名字叫__3__。院子为__4__。金泊亮进门之后，向孔子像鞠了一个大躬，表示__5__。他说，在美国时他就知道这地方，很想来看看，如今终于__6__了。

出了孔庙，就到了国子监，金泊亮到国子监走了一圈。他听说这国子监在清朝时还接收过外国留学生，兴奋不已。在院子里转的时候，颇有点儿__7__的感觉。

1. （　　）　A. 孔子的家　　B. 孔庙　　　　C. 孔子的出生地　D. 孔子的学校
2. （　　）　A. 坐北朝南　　B. 坐南朝北　　C. 坐东朝西　　　D. 坐西朝东
3. （　　）　A. 先师庙　　　B. 先王庙　　　C. 先祖庙　　　　D. 先人庙
4. （　　）　A. 三进院落　　B. 四进院落　　C. 二进院落　　　D. 一个四合院
5. （　　）　A. 尊敬　　　　B. 高兴　　　　C. 兴奋　　　　　D. 新奇
6. （　　）　A. 不如想象　　B. 找不到了　　C. 没兴趣了　　　D. 如愿以偿
7. （　　）　A. 我辈复登临　B. 如今我回来了 C. 明年我还来　　D. 梦想实现

二、根据文章内容选择正确答案。（从ＡＢＣＤ四个选项中选择一个最佳答案）

1. 第［1］段中"老师一头雾水"的意思是：（　　）

   A. 老师出了一头汗　　　　　　B. 老师一点儿也不明白
   C. 老师被问住了　　　　　　　D. 老师在洗头

2. 以下关于孔庙和国子监环境的描述，不正确的一项是：（　　）

   A. 清雅幽静　　　　　　　　　B. 花木葱茏
   C. 院落宽敞　　　　　　　　　D. 游人很多

3. 这篇文章的主要意思是：（　　）

   A. 介绍"孔子的房子"　　　　　B. 介绍美国人旅游日记
   C. 介绍为什么要看"孔子的房子"　D. 介绍在北京看什么好

三、回答问题。

1. 用简单的话介绍一下孔庙。

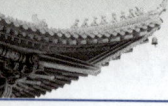

2. 金泊亮在孔庙里为什么对孔子像鞠躬？

3. 国子监里什么样？

文章二　《西游记》与《大闹天宫》

【通读　约640字】

① 名著（míngzhù）: famous literary work

② 佛经（fójīng）: Buddhist scriptures

《西游记》是中国四大古典文学名著①之一，作者叫吴承恩。小说写的是唐朝（Tang Dynasty）有一个和尚（Buddhist monk）唐僧和他的三个徒弟（disciple）——孙悟空、猪八戒（jiè）、沙和尚一起去西天取佛经②的故事。他们在路上遇到了好多妖怪（monster），经历了九九八十一难（trouble），最后战胜（defeat）了妖怪，取回了真经。

唐僧取经是历史上的一件真实的事。大约在一千三百多年前，25岁的和尚玄奘（Xuán Zàng）离开京城长安，到印度游学。他从长安出发后，经过中亚、阿富汗、巴基斯坦，最后到达了印度。他在那里学习了两年多，后来回到了长安，带回佛经657部。他这次西天取经，前后用了19年时间，走了几万里路，是一次传奇（legend）式的万里长征（long march）。吴承恩在民间传说（folktale）基础上，完成了这部伟大的小说。

《西游记》向人们展示了一个多彩的神话（mythology）世界，作者丰富而大胆的想象令人惊叹（exclaim with admiration）。

小说以"大闹天宫"的故事开始，把孙悟空的形象提到全书首要的地位。孙悟空向东海龙王借了定海之宝金箍棒（golden cudgel），被龙王告到天帝那里，天帝骗孙悟空到天上当了一个管马匹的小官。悟空知道受骗后，回到花果山，自称"齐天大圣"。李天王领着天兵天将，来捉孙悟空，被孙悟空打败，逃回天庭。

动画片《大闹天宫》（上、下集）就是根据这个故事创作的，分别于1961年、1964年出品，上海美术电影制片厂制作。影片公映后,影响了几代中国人。

如今,《大闹天宫》已经成为中国动画片中的经典。对于许多人来说,《大闹天宫》已经成为一种情结(complex)。对中国的动画电影而言,恐怕在很长一段时间内,《大闹天宫》都将是无法超越的。

一、根据文章内容选择正确答案。(从ＡＢＣＤ四个选项中选择一个最佳答案)

1. 《西游记》是一本什么样的书?(　　)
   A. 四大古典文学名著之一　　B. 电影故事
   C. 动画故事书　　D. 当代小说

2. 《西游记》的作者是谁?(　　)
   A. 唐僧　　B. 孙悟空　　C. 猪八戒　　D. 吴承恩

3. 《西游记》和《大闹天宫》是什么关系?(　　)
   A. 《西游记》是《大闹天宫》里的故事
   B. 《大闹天宫》是《西游记》里的故事
   C. 《西游记》是现代的,《大闹天宫》是古代的
   D. 《西游记》是旧的,《大闹天宫》是新的

4. 《大闹天宫》里的主要人物形象是谁?(　　)
   A. 唐僧　　B. 孙悟空　　C. 猪八戒　　D. 吴承恩

二、根据文章内容判断正误。

(正确的画"√",错误的画"×",文中没有提到的画"〇")

1. 《西游记》小说写的是唐朝的事。（　　）
2. 唐僧取经是历史上真实的事。（　　）
3. 唐僧取经回来后完成了《西游记》这部伟大的小说。（　　）
4. 天帝称孙悟空为"齐天大圣"。（　　）
5. 孙悟空最后成了长生不老的神仙。（　　）
6. 动画片《大闹天宫》是上海美术电影制片厂制作的。（　　）
7. 《大闹天宫》已经成为中国动画片中的经典。（　　）

文章三　我,有一个儿子

【通读　约630字】

他决定到上海去做生意,妻子有些不明白,"我们有十几万了,还要那么辛苦吗?就一个孩子。"那时候,十几万是一个天大的数字。

走前,他对读初中①的儿子说:"读书是你自己的事情,每顿饭要吃一个

① 初中(chūzhōng):junior high school

② 伙食费（huǒshífèi）：board expenses 在学校食堂吃饭的饭钱

肉菜。"他把儿子每星期的伙食费②放在信封里，告诉妻子，不可以让孩子乱花钱。

儿子高中毕业的时候，他的生意获得了很大成功，但只要有时间，他就会回到长兴岛，在地里干活儿，谁也不知道他已经是有几百万的老板了。儿子没考上大学，第一年在家当农民，接着到上海打工读夜校。

20岁的儿子要去上海了，上船的时候，他只给了儿子80元伙食费，"夜校的学费我已经交了，下个月你可以拿工资了。"

三年后，儿子毕业了，打工时受了伤，妻子哭着说："我们不是没有钱，为什么要让儿子受苦？"

他用手抹去妻子的眼泪说："再富也不能富孩子。"

儿子出院的时候，父亲背着他上了船，又背着他回了家。这天晚上，父子俩说着话。儿子提出来要办一个五金加工厂，只要几万元，他没有答应。

又过了三年，儿子准备结婚了。儿子的钱只能买一间小房子。

"用自己的钱买房子，这多好啊！"他说。他一分钱也没有给儿子，可是村里建桥和修路，他出了80万。

在儿子的婚礼上，他说："今天，我很激动。一个长兴岛出来的青年，用自己六年的努力，在上海买了房子，娶了漂亮的妻子，是一件非常了不起的事情。我知道他想要一套大房子和车子，我想，经过他们夫妻俩的努力，这很快会实现的。很多人问我，你有那么多的钱，为什么不给孩子花？也有人问我，你到底有多少钱？我说：我，有一个儿子。"

一、根据文章内容判断正误。

（正确的画"√"，错误的画"×"，文中没有提到的画"○"）

1. 过去，十几万是一个天大的数字。　　　　　　（　　）
2. 他有钱以后给儿子买了很多东西。　　　　　　（　　）
3. 谁都知道他已经是有几百万的老板了。　　　　（　　）
4. 他的儿子考上了大学但没有去上学。　　　　　（　　）
5. 儿子后来去了上海打工。　　　　　　　　　　（　　）
6. 儿子结婚他不同意。　　　　　　　　　　　　（　　）
7. 儿子结婚买房子他没有给钱。　　　　　　　　（　　）

二、为下列句子选择合适的解释。（从ＡＢＣＤ四个选项中选择一个最佳答案）

1. 再富也不能富孩子。（　　）
　　A. 家里有钱不能让孩子知道　　B. 富人的孩子不是富人
　　C. 家里有钱跟孩子没有关系　　D. 家里有钱但要教育好孩子

2. 用自己的钱买房子，这多好啊！（　　）
　　A. 他鼓励孩子自己做事　　　　B. 他鼓励孩子不依靠别人
　　C. 他不愿意花自己的钱　　　　D. 他认为买房子应该花自己的钱

3. 有人问我，你到底有多少钱？我说：我，有一个儿子。（　　）
　　A. 他有多少钱他不愿意告诉别人　　B. 钱不重要，儿子重要
　　C. 他的钱是他自己的　　　　　　　D. 他的钱是儿子的

文章四　由日本地震想到的

【略读　约490字　参考时间：7分钟】

　　一个周末的中午，一场巨大的灾难突然在日本发生。经过三天的集中报道，确定为里氏（Richter scale）9.0级大地震。受灾最严重的地方，村庄瞬间（instant）消失。面对自然界的威力（power），人的力量显得如此微不足道（insignificant）。

　　45万人无家可归，食品、水极度缺少，大面积的断电、断水、断气（gas），给日本人的生产、生活造成巨大的影响。

　　这里不想多介绍日本地震的详细（detailed）情况，作为邻国，中国更应该对防震①知识加强学习。汶川地震、玉树地震、云南盈江地震，震级不如日本，却都造成了巨大的人员伤亡（casualties）。情况值得我们反思（introspect）。

　　目前，全世界对地震的预报能力不能令人满意，在没有准确预报的情况下，地震来时，更需要人们自救（save oneself），因为，房子倒了可以重建，公路坏了可以重修，人的生命却无法再生。

　　地震时如何逃生（escape），仅有一点儿知识准备远远不够，对地震活跃（active）的地区进行防震教育，这一点日本为全世界树立了榜样（model）。

　　日本是一个地震多发国家，全民的抗震、防震措施十分健全，但即使这样，在特大地震到来时，依然遭受了巨大的人员伤亡。

　　面对地震，我们要学的知识还有很多。地震部门和全体国民，请行动起来，普及地震自救知识，这是我们最应该学习的。

① 防震（fángzhèn）: take precautions against earthquakes

根据文章内容选择正确答案。（从ＡＢＣＤ四个选项中选择一个最佳答案）

1. 这篇文章的主要内容是：（　　）
　　A. 介绍日本地震　　　　　　　　B. 介绍中国地震
　　C. 说明普及地震自救知识很重要　D. 介绍地震来了怎么办

2. 文章对日本全民的抗震、防震措施状况的态度是：（　　）
　　A. 批评　　　　B. 赞扬　　　　C. 反对　　　　D. 赞成

3. 按照作者观点，地震时什么很重要？（　　）
　　A. 他人帮助　　B. 食品　　　　C. 自救　　　　D. 水

个人安全防护①指南

①防护（fánghù）：protect

【查读　约520字　参考时间：8分钟】

一、综合安全提示

1. 一个人乘坐出租车时（尤其在晚上），请记住车牌号。

2. 将物品放在私家车和出租车的后排或尾箱时，请锁好车后门、后窗和尾箱。

3. 避免经过黑暗的角落或街道，避免晚上一个人上街，女性在夜晚要避免单独与陌生人同乘一部电梯。

4. 请注意保持人与人之间有效的安全距离，约75厘米以上。

5. 任何时候发现有人或车想接近您时，请马上远离这个人或这辆车。

6. 如果真的遭遇②抢劫（rob）时，要牢记"人身安全最重要"，不要反抗③，不要拉住自己的物品不放。

②遭遇（zāoyù）：meet with
③反抗（fǎnkàng）：revolt

二、旅行安全提示

1. 出行前请摘掉您身上的首饰（jewelry）。

2. 避免身上带大量现金，随身携带的现金分几处保存。

3. 票据与现金分开，现金与贵重物品别外露。

4. 旅行中，不要让随身行李离开自己的视线，包括行走、乘车、等车、过安检门时。

5. 请乘坐车况较好的正规公交车，避免乘坐超载（overload）车辆。

6. 单人旅行时，请不要在乘车、等车时睡觉。

7. 远离那些陌生但却非常热情的人，如主动带路、主动帮忙买东西的人，等等。

8. 避免在火车站和汽车站里随意向人问路。

9. 避免在火车站和汽车站里买东西，那里大部分是假货，而且很贵，有时问了价不买都不行。

10. 避免在火车站或汽车站里打公用电话。

11. 出行前带好手机并随时充足电。

12. 不要接受陌生人赠送的物品，尤其是香烟、饮料和食物，小心迷药④。

④迷药（míyào）：knock-out or sleeping drug

根据文章内容填空。

1. 人与人之间有效的安全距离是_____。
2. 一个人乘坐出租车时，请记住_____。
3. 出行前请摘掉_____。
4. 避免在火车站和汽车站里随意_____。

（从本课中找出5-8个你觉得有用的词语或句子）

13 文章一 这个时代，读书到底有何用

【细读 约650字】

[1] 我把现在的阅读分成有用的阅读和无用的阅读。有用的阅读，就是为知识的阅读，为了拿一个文凭（diploma），为了在社会职业中提升（promote）自己的阅读。在这个时代，当然是重要的。

[2] 但是，比这更美好的境界（state），是无用的阅读，就是为生命、为成长的阅读。它不一定给你一个直接的文凭，不一定给你专业的技能（skill），但是它能给你心灵的辽阔（vast），给你幸福感和安全感。

[3] 我们来做一个实验：你的面前有三锅水，沸腾（boiling）着，你试着往第一锅水里扔一个生（raw）鸡蛋，第二锅水里面扔一根生胡萝卜，第三锅水里面扔点儿干茶叶。

[4] 生鸡蛋，开始很鲜亮（bright），是流动的，像我们鲜亮的、满怀梦想的心，但是在生活里煮啊、煮啊，最后煮硬了，觉得这个世界很艰难（rough），人心很险恶（vicious），人生没有前途。我们经常看到这样的人，充满了抱怨，这就是被生活煮硬的人。

[5] 再看胡萝卜。胡萝卜一开始很硬，颜色很漂亮，但是最后成了胡萝卜泥（mashed carrot）。这就像被生活煮软了的人，"好好先生"，什么事情都没有自己的主意，为他人活着，服从别人，这种人善良，但是失去了自我（ego）。

[6] 最后，看第三个锅里，茶叶同样是用水煮的，但是，它所有的叶片都展开（unfold），漂动着，把自己的能量释放（release, liberate）出来，它自己自由了，也把无色无味的水改变成了一锅香茶。有的人就是这样，适应（adapt to）了社会，成全①了自己。

[7] 作为凡人，在这个世界上，我们能做什么呢？我们不能要求社会降低温度，不再沸腾，减少困难。我们只能选择，自己是做一个生鸡蛋，或者是干茶叶，还是胡萝卜。我们能选择的是自我。读书就是为了这个目的——滋养（nourish）自己。

（选自于丹文章）

① 成全（chéngquán）: help sb. (to achieve his aim)

一、根据文章第[3][4][5][6]段内容填空。

1. 我们来做一个实验：有三锅水，沸腾着，往第一锅水里扔一个_____，第二锅水里扔一根_____，第三锅水里面扔点儿_____。

2. 生鸡蛋，开始很鲜亮，像我们满怀梦想的_____，但是在生活里慢慢地煮，最后煮硬了，觉得这个世界很艰难，人生没有前途，这就是被生活_____。

3. 胡萝卜开始很硬，但是最后成了_____，这就像被生活煮软了的人，"好好先生"，这种人善良，但是_____。

4. 茶叶同样是用水煮的，但是，它叶片展开，自己_____，也把水改变成了_____。有的人就是这样，适应了社会，_____。

二、根据文章内容判断正误。（正确的画"√"，错误的画"×"）

1. 作者把现在的阅读分成两种。　　　　　（　　）
2. 有用的阅读和无用的阅读一样。　　　　（　　）
3. 有用的阅读就是为知识的阅读。　　　　（　　）
4. 有用的阅读是重要的。　　　　　　　　（　　）
5. 无用的阅读不美好。　　　　　　　　　（　　）
6. 无用的阅读能给你幸福感和安全感。　　（　　）

三、根据文章内容选择正确答案。（从ＡＢＣＤ四个选项中选择一个最佳答案）

1. 作者把生活比喻成：（　　）
   A．鸡蛋　　　　B．胡萝卜　　　　C．茶叶　　　　D．沸腾的水

2. 对于阅读，作者更赞成：（　　）
   A．有用的阅读　　B．无用的阅读　　C．为知识的阅读　　D．为文凭的阅读

3. 作者通过文章实际上是想说：（　　）
   A．无用的阅读可以帮助我们选择自我
   B．有用的阅读可以帮助我们选择自我
   C．无用的阅读不能帮助我们选择自我
   D．有用的阅读不能帮助我们选择自我

文章二　留美幼童故事

【通读　约590字】

　　他们是中国历史上最早的官派留学生。公元1872年到1875年间，清政府①先后派出四批共120名学生赴美国留学。这批学生出国时，平均年龄只有12岁，因此他们有一个共同的名字——留美幼童。

　　130年以前，这批幼童远涉大洋，被送到了太平洋彼岸（bǐ'àn），一个建立不足百年的年轻共和国，开始了他们计划长达15年的留学生活。他们分别到了美国东北部新英格兰地区的40多户美国人家中，快速适应了在美国的生活。他们以惊人的速度越过了语言障碍（obstacle），成为各学校成绩优异（excellent）的学生。同时，他们也迅速适应了美国的文化，脱去了中式服装，活跃在各项体育运动的赛场上。

① 清政府（Qīng Zhèngfǔ）：the last feudal dynasty in China

② 工业革命（gōngyè gémìng）：industrial revolution

他们是美国哈佛大学、耶鲁大学、哥伦比亚大学、麻省理工学院的学生，他们和美国大作家马克·吐温做邻居，曾受到美国总统格兰特的亲切接见。19世纪末，当世界发生巨大变化的时刻，他们恰好被送到了那场工业革命②的最前沿（leading edge）。

然而，当半数孩子开始他们的大学学业时，大清国却突然提前终止（stop）了留学计划，全部留美幼童被召回国。

这批学子是中国矿业、铁路业、电报业的先驱（pioneer）。他们中出现了今天清华大学、天津大学最早的校长，出现了中国最早的一批外交官（diplomat），出现了中华民国的第一任总理（premier）。回国后的这批西学人才，历经了中国晚清政治的起伏（undulate），目睹（witness）了近代中国的兴衰（vicissitude）。

留美幼童的命运，是不平凡的；他们的故事，是美丽忧伤的。

他们有一个永远的名字——留美幼童。

（选自 CCTV-9 纪录频道节目）

一、根据文章内容选择正确答案。（从ＡＢＣＤ四个选项中选择一个最佳答案）

1. "他们是中国历史上最早的官派留学生"，这里"官派留学生"的意思是：（   ）
   A. 出去做官的学生   B. 政府派出的学生
   C. 自己花钱的学生   D. 外国花钱的学生

2. 这批幼童被送到了太平洋彼岸一个建立不足百年的年轻共和国，这个"年轻共和国"指的是：（   ）
   A. 中国   B. 日本   C. 美国   D. 英国

3. "他们以惊人的速度越过了语言障碍"，这句话的意思是：（   ）
   A. 他们跳得很快   B. 他们学习英语很快
   C. 他们不会说外语   D. 他们不会说中文

4. "他们曾受到美国总统格兰特的亲切接见"，这说明：（   ）
   A. 美国总统喜欢孩子   B. 美国总统重视他们
   C. 他们很重要   D. 他们很特别

5. "当半数孩子开始他们的大学学业时，大清国却突然提前终止了留学计划"，这说明：（   ）
   A. 他们没有完成大学学业   B. 他们大学毕业了
   C. 清政府没钱了   D. 留学计划失败了

二、从文章中找出下列句子并填空。

1. 他们以惊人的速度越过了语言_____。
2. 大清国却突然提前_____了留学计划，全部留美幼童被召回国。
3. 这批学子是中国矿业、铁路业、电报业的_____。
4. 回国后的这批西学人才，历经了中国晚清政治的_____，目睹了近代中国的_____。

三、根据文章内容填表。

	在美国住的地方	在美国上的学校	回国后的职业
留美幼童			

文章三　798的艺术巨变

【通读　约570字】

798是什么？是一个工厂的名字，中国第一颗原子弹（atom bomb）的许多元件（part）就在这里生产。

798最早建在北京的东边，在上世纪50年代，由德国的55位专家用当时世界上最先进的技术建成。

这种建筑风格（style）的工厂，目前，只在中、德、美等国家有少量保留着，是世界上不多的工业发展史上的文物①。工厂用数字作为厂名，是因为它们是军事工业，需要保密（keep secret）。

① 文物（wénwù）：cultural relic

这里的厂房、机器和厂里面的道路是当时中国最好的，工人们也被人们认为是有着当时最好的工作，这里也是中国社会主义文化的象征（symbol）。

上世纪90年代，随着改革开放的进行，工厂不再有过去的活力，很多工人失去工作，新的文化开始出现。这时，很多受到西方文化影响的艺术家开始注意798。

50年过去了，今天，798成为了当代艺术中心。798已经不再是一个工厂的名字，而成了新的、独特的文化景观（landscape）。

对于今天的年轻人，798是当代的艺术区、是"酷"和前卫（vanguard）的代表。

有趣的是，有一些工厂车间还在工作，没有人知道里面在干什么。一些酒吧或者艺术工作室的对面，就是噪音很大的车间。这些车间表面上破破烂烂（shabby），但保持着过去的神秘（mysterious），外人不能随便进入。

在798这一空间中，有着中国不同时代的两种文化，还有从两种文化产生出来的两种观念（concept）。它们都在发展着，这就是中国文化发展的缩影②。

② 缩影（suōyǐng）：epitome

一、根据文章内容选择正确答案。（从ＡＢＣＤ四个选项中选择一个最佳答案）

1. 文章的主要内容是：（　　）
   A. 介绍789数字的来历　　　　　　B. 介绍798艺术工厂的来历
   C. 介绍中国新变化　　　　　　　　D. 介绍798的改革和发展

2. 798现在是：（　　）
   A. 工厂　　　　B. 艺术中心　　　　C. 画家村　　　　D. 酒吧

3. 关于798工厂，以下哪种说法文中没有提到？（　　）
   A. 并存着中国不同时代的两种文化　　B. 并存着两种心态和观念
   C. 是中国文化发展的缩影　　　　　　D. 代表了中国文化发展的未来

文章四　"做一只音乐的虫子"——校园歌手

【略读　约600字　参考时间：7分钟】

① 框（kuàng）：frame

② 民谣（mínyáo）：folk song

大约六七年前，在我刚入清华大学的时候，我就知道了一个名叫卢庚戌（Lú Gēngxū）的同学。他个子瘦小，长得也不很好看，戴着一副大黑框①眼镜。但是当他抱着他的吉他（guitar）登上学校礼堂（auditorium）舞台（stage）的时候，同学们都欢呼（acclaim）起来。他是当时清华最好的校园（campus）歌手之一，他自己写作校园民谣②，并且自弹自唱。他在校园里受欢迎的程度，超过了学习好的学生和体育明星。

比他们早几年的一位学长，好像名气更大，他的名字叫高晓松。不过，他主要是一名歌曲的写作者。为了写歌，他退学了，成为一名职业（professional）音乐人。他写的歌曲成为上世纪90年代最受欢迎的校园民谣。

在一首歌里，他这样写道：
　　在寂寞的晚上
　　我就是一只音乐虫子
　　飞呀飞呀
　　找不到爱发源的地方

也许，这个比喻（analogy）可以用来说明，他热爱他的音乐。大学生们有属于（belong to）他们自己的思想，关于爱情，关于生活，还有很多很多说不清的青春感怀（thoughts）。校园民谣受到了大家的欢迎，没有别的，就是因为没有其他的歌曲更能表达这样的心情了。

校园民谣在中国大陆的大学校园里流行，开始于上世纪80年代。今天，校园里的音乐文化更加多样化。无论是前卫的、流行的，还是古典（classical）的，各种风格、形式，都能在高校里找到它们的爱好者。

吴虹飞，清华大学中文系的研究生，一个清秀的、小小的姑娘，看上去非常文静，甚至有些害羞，但是，她有着自己的摇滚乐队——幸福大街乐队，并且已经在酒吧中、晚会上有三年的演出经验了。

根据文章内容选择正确答案。（从ＡＢＣＤ四个选项中选择一个最佳答案）

1. 文章中的"校园歌手"是指什么人？（   ）
   A. 大学生歌手　　　　　　　B. 大学里的音乐人
   C. 搞校园音乐有名的人　　　D. 退学搞音乐的人

2. 文章中提到了几个校园歌手？（   ）
   A. 一个　　　　　　　　　　B. 两个
   C. 三个　　　　　　　　　　D. 四个

3. 文章中"音乐虫子"的含义是什么？（   ）
   A. 爱听音乐的人　　　　　　B. 爱听音乐的虫子
   C. 音乐爱好者　　　　　　　D. 音乐创作者

警察的"凡客体"安全防范宣传单

【查读　约540字　参考时间：7分钟】

"凡客体"，即凡客诚品（VANCL）广告宣传文体，是现在网络流行的广告体语言，以"我爱……"、"我是……"为关键词（key words）和主要句式，成为一种在消费社会里流行的新文化用品，其创意手法，吸引了众多网友。

"爱打电话，爱发短信，爱装警察，爱装法官，爱装检察官（prosecutor）。也爱说电话欠费、法院传票、银行转账……我不是神马，也不是浮云，我是电信（telecommunications）骗子。警察一直在找我，如果我找你，马上拨打110。"

这些天，这种"凡客体"的安全防范传单，随着一份份报纸，出现在南京白下区月牙湖派出所辖区（area or district under one's jurisdiction）的居民家中。

制作"凡客体"传单的，是南京市白下区月牙湖派出所民警刘顺利。去年9月，他在社区工作中，看到上海警方搞出的"凡客体"，用漫画形式表现，图文并茂①，很受居民们欢迎，他决定自己也尝试一下。

目前，刘顺利制作的彩色"凡客体"漫画传单，主要有关普通盗窃（steal）、诈骗（swindle）、电动车防盗和打架等内容，每种都用"凡客体"语言，描述犯罪特点、手法。

比如对"盗窃"的描述：爱撬（qiào）门，爱翻窗，爱戴头盔套，爱戴手套。也爱对老人说我是您儿子的同事，也爱对小朋友说我是你爸爸的朋友，有时也说我是推销员（salesman）……我不是神马，也不是浮云，我是小偷。我一直在找你家，若你看见我就马上拨打110。

形象的漫画，配上幽默的文字，很吸引人。

（选自《扬子晚报》，作者沈宫轩、沈元、于英杰）

① 图文并茂（tú wén bìng mào）：The picture and the words accompanying it are both excellent.

根据图片和文章内容回答问题。

1. 电信骗子爱说什么话？

2. 小偷爱说什么话？

第 13 课

日积月累

（从本课中找出5-8个你觉得有用的词语或句子）

文章一　82岁名模——刘占增

【细读　约750字】

[1] 他毕业于北京大学医学院，会英、德、日三种外语，在联合国做过翻译。退休后，他当了一名人体模特（model）。这个人就是刘占增。

[2] 今年82岁的刘占增，是美术界里的名模。画家们有一句话：你要是没画过刘占增，你就不算是画家。

[3] 刘大爷从小就喜欢艺术。退休那年，天津美院招模特，刘占增被录取了。开始，刘大爷的家人，看他整天很忙碌，还以为老人被学校聘用（employ）教课了呢。知道真实情况后，儿子生气地对他说："爸爸，我可以理解你，可社会上不懂的人多，他们不理解啊！我要是谈恋爱，告诉人家你是干人体模特的，人家可能就不跟我好了！"

[4] 但刘占增铁了心要按照自己的心意生活。老伴告诉他："当模特可以，只能当肖像（portrait）模特，不能当裸体的。"刘占增当时一笑，什么都没说。

[5] 当了几个月肖像模特后，一位美院的老师说："像您这样的身体和气质，在全国都很难找，您又不是年轻小姑娘，不做人体模特可惜了。"被这位老师这么一说，刘占增决定为艺术"献身①"。刚开始，面对和他孙女一般大的女学生们，刘占增觉得脱光衣服实在不好意思。可是同学们对他身体的赞美，让他找到了新的价值，并对自己的身体越来越自信。

[6] 刘占增做人体模特是偷偷的，不敢告诉老伴。但遇到以自己为模特的作品在画展中获奖，或被收进画册时，他就会忍不住地高兴。有一次，他把从学生那里得到的画，拿回家挂在墙上，气得老伴直骂他。老伴把画拿下来，他又挂上去……

[7] 一次，美院来了一对美国夫妻，翻译不在，刘占增就自己翻译。这对美国夫妻说："中国到处是人才。"以后，他就经常帮美院老师们做一些翻译工作。

[8] 这样的生活，他感到很充实（rich, substantial）。老伴说他退休后，像是才开始工作。他说自己很幸福，因为年轻时的理想，在退休后都实现了。"我为自己活着，不管那么多！要不，多累啊！"说这话时，老人笑了。

（选自《家庭百事通》，作者丁跃忠、范学凤）

① 献身（xiànshēn）：devote oneslf to

一、根据文章内容选择填空，完成概要重述。

82岁的刘占增精通三种外语，在联合国做过翻译。退休以后，他当了一名人体模特。儿子反对，是因为___1___。老伴告诉他："当模特可以，只能当肖像模特，不能当裸体的。"但刘占增在老师的鼓励下，还是为艺术___2___了。

刚开始，面对女学生们，刘占增觉得脱光衣服__3__。后来慢慢适应了，并对自己的身体越发自信。遇到以自己为模特的作品在画展中获奖，他就会__4__。刘占增的外语很好，经常帮人做一些翻译工作。这样的生活，让他感到很充实，老伴说他退休后__5__。

1. (　　)　A. 担心找不到女朋友　　B. 担心女朋友不跟他结婚
　　　　　　C. 担心女朋友看不起爸爸　D. 担心女朋友也想当模特
2. (　　)　A. 当了模特　　　　　　B. 当了肖像模特
　　　　　　C. "牺牲"　　　　　　　D. 不干
3. (　　)　A. 不舒服　　　　　　　B. 不好意思
　　　　　　C. 丢脸　　　　　　　　D. 害羞
4. (　　)　A. 告诉别人　　　　　　B. 挂出来给人看
　　　　　　C. 拿到外面展览　　　　D. 忍不住地高兴
5. (　　)　A. 爱好吃喝　　　　　　B. 对工作没兴趣了
　　　　　　C. 像刚刚开始工作　　　D. 改变了原来的爱好

二、根据文章内容选择正确答案。（从ＡＢＣＤ四个选项中选择一个最佳答案）

1. 第［4］段中"铁了心"的意思是：(　　)
　　A. 心很硬　　　B. 变了心　　　C. 心意坚定　　　D. 改变想法
2. 刘占增那次在美院为什么给美国夫妻当翻译？(　　)
　　A. 他会外语　　B. 他想当翻译　C. 当时翻译不在　D. 美国人让他当翻译
3. 关于刘占增，下面哪种说法不对？(　　)
　　A. 身体素质很好　　　　　　　B. 艺术修养很高
　　C. 当模特是因为爱好　　　　　D. 原来的工作不好
4. 这篇文章的主要意思是：(　　)
　　A. 中国改革开放的变化　　　　B. 刘占增的模特经历
　　C. 什么人可以当模特　　　　　D. 刘占增的退休生活

三、为下列句中画线部分选择正确的理解。（从ＡＢＣＤ四个选项中选择一个最佳答案）

1. 画家们有一句话：你要是没画过刘占增，你就不算是画家。(　　)
　　A. 说明刘占增很重要　　　　　B. 说明画家很多
　　C. 说明画家都认识刘占增　　　D. 说明画什么很重要
2. 我要是谈恋爱，告诉人家你是干人体模特的，人家可能就不跟我好了！(　　)
　　A. 别人看不起刘占增　　　　　B. 儿子看不起刘占增
　　C. 儿子当不了人体模特　　　　D. 爸爸当人体模特很丢人
3. 刘占增做人体模特是偷偷的，不敢告诉老伴。(　　)
　　A. 刘占增害怕别人偷东西　　　B. 刘占增衣服被偷了
　　C. 刘占增当人体模特不想让别人知道　D. 刘占增不知道怎样当人体模特

文章二 第八棵馒头柳

【通读 约710字】

① 出差（chūchāi）：be on a business trip

丈夫是搞地质（geology）的，出差①是常事，总是背带一背就走了，她从来不送。

这回丈夫又走了。门在丈夫背后撞上时，她正在收拾碗盘，一副淡淡的表情。但门撞上以后，她却放下手里的东西，到阳台上，站在那里朝下望。

阳台下面是马路，马路边上种着一排（row）馒头柳（willow），树头又大又绿。她习惯地朝阳台下往东数第八棵馒头柳那里望去。她等待着，她知道，再过五六分钟，丈夫的身影就会在那棵馒头柳下出现。每次，她总是在算好的时间、算好的地方望见丈夫的背影②。

② 背影（bèiyǐng）：view of one's back

今天她习惯性地去往阳台一站，却忽然不习惯起来，因为丈夫的背影，一直没有出现。他一定是乘坐地铁到北京站，不可能改变方向呀！怎么回事？第八棵馒头柳下怎么不见他的影子？她忍不住跑到楼下。楼门口空空的。她不知不觉地来到第八棵馒头柳下，朝四面看着。难道他钻（bore, drill）到地底下或飞到天上去了？真奇怪！

回到家里，儿子跟她说什么她没听见，却听见了街上救护车（ambulance）的声音。她对儿子发了火，心里好像有一块石头。

接连好几天，她都没精神。终于，有天晚上，她接到了他从很远的地方打来的电话。她说："你哪儿去了你？你急死我了！"丈夫不明白怎么回事，她说出了一切⋯⋯每次都要跑到阳台上去看他的背影，在那第八棵馒头柳下⋯⋯

电话那边没有声音，然后是丈夫的声音："傻瓜（fool）！那天我刚一出门就遇上了咱们楼老王，他们单位的车正好接他去火车站，我就坐了他的车⋯⋯不过，我知道那棵馒头柳，对，第八棵。你知道吗？每次我出差回去，一走到那棵馒头柳下，就忍不住抬头望咱们家的阳台，咱们家的窗户，有时一站好几分钟，特别是晚上，那一窗灯火，让我心里好温暖（warm）⋯⋯"

放下电话，她才发现儿子站在面前。儿子正问她："妈，您怎么哭了？"

(选自网络文章)

一、根据文章内容判断正误。（正确的画"√"，错误的画"×"）

1. 丈夫经常出差。   （   ）
2. 她站在阳台上朝下望是为了看街上的人。   （   ）
3. 今天，丈夫的背影出现晚了。   （   ）

4. 她来到第八棵馒头柳下找丈夫。　　　　　　　（　　）

5. 儿子跟她说话她没听见，儿子发了火。　　　　（　　）

6. 跟丈夫通完电话她哭了。　　　　　　　　　　（　　）

二、根据文章内容选择正确答案。（从ＡＢＣＤ四个选项中选择一个最佳答案）

1. 她的丈夫是干什么工作的？（　　）
   A. 做房地产的　　　B. 搞地质的　　　C. 做生意的　　　D. 搞旅游的

2. 她是干什么工作的？（　　）
   A. 厨师　　　　　　B. 教师　　　　　C. 家庭妇女　　　D. 没有说

3. 丈夫出门后她为什么习惯性地站到阳台上？（　　）
   A. 她想休息一下　　　　　　　　　B. 她喜欢阳台
   C. 她目送丈夫去工作　　　　　　　D. 她想随便看看

4. 这一天她为什么没有看到丈夫？（　　）
   A. 丈夫坐了火车　　　　　　　　　B. 丈夫打出租车了
   C. 丈夫坐了老王的车　　　　　　　D. 丈夫坐了老王单位的车

5. 根据文章可以知道她和丈夫的关系：（　　）
   A. 不太好　　　　　B. 还可以　　　　C. 很好　　　　　D. 不好也不坏

文章三　中美两国的低碳①家庭

① 低碳（dī tàn）：LC（low carbon）

【通读　约720字】

根据中美两国的人类学（anthropology）和消费数据，研究低碳经济的石敏俊教授建立了两国"平均家庭"的模型：

露丝（美国）一家有三口人，居住在兰开斯特，一个离费城（Philadelphia）一百英里的小城。几年前，这个典型的美国中产家庭（middle-class family），购买了当地的一栋2层独体别墅（villa）。露丝每天7点半准时起床，洗澡之后来到厨房，准备好全家人的早餐。所有的食品，都是露丝开车到沃尔玛超市采购的。她的女儿搭乘校车上学，露丝和丈夫，则每天各自开车去公司。全家人一年度假一次，去年他们开车去了加州。

甄（Zhēn）女士（中国）一家三口居住在北京知春路。2003年，她和先生购买了一户两室两厅116平米的房子。甄女士所住的小区都是6层楼，没有安装电梯。甄女士每天6点起床，步行至小区门口买早餐。平时，她先生开车到东四上班，甄女士和儿子的出行则基本是坐地铁。甄女士家里，平时没有人的房间绝对不会开着灯，鱼缸换出来的水，也都用来冲厕所和拖地板。

根据模型，石敏俊分别为中美两个家庭算了一笔账：在碳消耗上，露丝一家的碳足迹（carbon footprint）为57吨，人均约20吨；甄女士一家的碳足迹为6.1吨，人均约2吨。从账本上看，不论是家庭总量（gross）还是人均（per capita），美国家庭的碳足迹都是中国家庭的近10倍。

根据英国研究并出版的《低碳生活指南》，通过铁路将1公斤大米运输（transport）600公里，要排放1公斤的二氧化碳。如此算来，露丝家一年的碳消耗相当于这袋大米坐着火车绕地球赤道（terrestrial equator）855圈。而甄女士一家人在衣食住行所有方面的耗碳量加在一起，还不如美国家庭在饮食方面的碳足迹高。

中美家庭碳足迹差距最大的一项是交通出行，差距高达17.2倍。石敏俊认为，这是由美国社会的高汽车拥有率（ownership rate）造成的。同样走1公里路，开汽车的碳消耗是骑自行车的40多倍。

（选自中国食品科技网）

一、根据文章内容选择正确答案。（从ＡＢＣＤ四个选项中选择一个最佳答案）

1. 石敏俊教授研究：（　　）
   A. 人类学　　　　B. 消费数据　　　　C. 低碳经济　　　　D. 中美家庭

2. 露丝一家在美国属于：（　　）
   A. 代表家庭　　　B. 中产家庭　　　　C. 有车家庭　　　　D. 有房家庭

3. 甄女士的先生上班主要是：（　　）
   A. 打车　　　　　B. 坐地铁　　　　　C. 开车　　　　　　D. 走路步行

4. 不论是家庭总量还是人均，美国家庭的碳足迹都是中国家庭的：（　　）
   A. 57倍　　　　　B. 20倍　　　　　　C. 6.7倍　　　　　D. 近10倍

二、将下列选项填入下文中适当的画横线位置上。

> A. 1公斤的二氧化碳
> B. 同样走1公里路
> C.《低碳生活指南》
> D. 是交通出行
> E. 坐着火车绕地球赤道855圈

根据英国研究并出版的___1___，通过铁路将1公斤大米运输600公里，要排放___2___。如此算来，露丝家一年的碳消耗相当于这袋大米___3___。而甄女士一家人在衣食住行所有方面的耗碳量加在一起，还不如美国家庭在饮食方面的碳足迹高。

中美家庭碳足迹差距最大的一项___4___，差距高达17.2倍。石敏俊认为，这是由美国社会的高汽车拥有率造成的。___5___，开汽车的碳消耗是骑自行车的40多倍。

第 14 课

文章四　你是不是气候公民①

① 公民（gōngmín）：citizen

【略读　约910字　参考时间：7分钟】

日常行为中有环保②与不环保的区别，做了下面的测试题，你就可以知道自己属于什么样的人了。

② 环保（huánbǎo）：environment-friendly

1. 以下的用水习惯中，你会：
   A. 洗完衣服的水直接倒掉
   B. 开着水龙头（tap）洗脸刷牙
   C. 在马桶（closestool）水箱里放一大瓶水，这样能减少每次冲水的量
   D. 平时故意让水龙头滴水（drip），拿盆接着，这样水表（water meter）不转还有水用，省钱

2. 天气阴雨，每天都要打湿裤脚，你会：
   A. 每天换衣裤，并且当天就洗
   B. 每天换衣裤，但攒（accumulate）一个星期才洗
   C. 穿雨衣，脏了用湿布擦一下，等天气好了再换洗
   D. 不换外衣裤，脏就脏，等雨天过去了再洗

3. 选择灯泡（light bulb）时，你最先考虑的是：
   A. 价格越便宜越好
   B. 瓦数（wattage）越小越好
   C. 是否节能，LED就不错，寿命长，比较省电
   D. 灯泡费不了多少电，买什么样的都行

4. 女儿过生日，你想送一个娃娃作为礼物，你会选择：
   A. 使用充电电池（rechargeable battery）的高级货
   B. 使用碱性电池（alkaline cell）的一般娃娃
   C. 自己动手做一个
   D. 买一个电动娃娃

5. 你很喜欢新奇电子产品，手机几乎每3个月就换新的，你会怎样处理旧手机？
   A. 直接扔抽屉（drawer）里
   B. 拿到二手市场（market of second-hand goods）卖掉
   C. 送给需要的亲戚朋友
   D. 拆开（take apart）研究

6. 去超市买薯片，你会：
   A. 全部选择小袋包装，方便携带，而且少食多味，以免一次吃不完浪费

109

B. 买桶装的，方便储存

C. 全部选择大包装，节约包装物，比较环保

D. 不吃薯片，是垃圾食品

7. 去超市买菜，却发现没有带购物袋，这时你会：
   A. 买一个3毛钱的塑料袋
   B. 买一个3块钱的环保袋
   C. 用手抱着所有东西走回家
   D. 直接放包里，弄脏了大不了洗洗

8. 买东西时，店员告诉你买满600元可以申请成为会员，并可享受积分换礼，你会：
   A. 成为会员很划算，那就再买几百元的吧
   B. 如果可以分几次消费，那还可以考虑
   C. 不考虑，也不留电话地址，以免日后收到纸质宣传品，那样太不环保了
   D. 绝不考虑，买几十块钱的东西不能演变成消费600元

9. 你在商业街上逛街，路边不断有人递来各种各样的宣传单，你会：
   A. 不接受，谁知道上面有没有撒药
   B. 先接着，走几步后随手扔掉
   C. 拿回家，看能不能用来练书法、做记事本或吃饭时用来放鱼骨头
   D. 先接着，看到垃圾桶就扔掉

10. 以下哪种垃圾是不能回收的？
    A. 旧报纸
    B. 饮料瓶
    C. 纸巾
    D. 废电池

你若是都选"C"，就是按照"绿色分子"和"气候公民"的方式在生活。

（选自《启迪·下半月》）

一、根据文章内容选择正确答案。

1. 根据以上文字，这是一份：（   ）
   A. 考试试卷　　　　B. 调查表

2. 按照"绿色分子"和"气候公民"的方式在生活的人会选择：（   ）
   A. 答案A　　　　B. 答案B　　　　C. 答案C　　　　D. 答案D

二、请你完成上面的测试题，看看你是不是气候公民。

汉语才艺大赛海报

【查读　参考时间：7分钟】

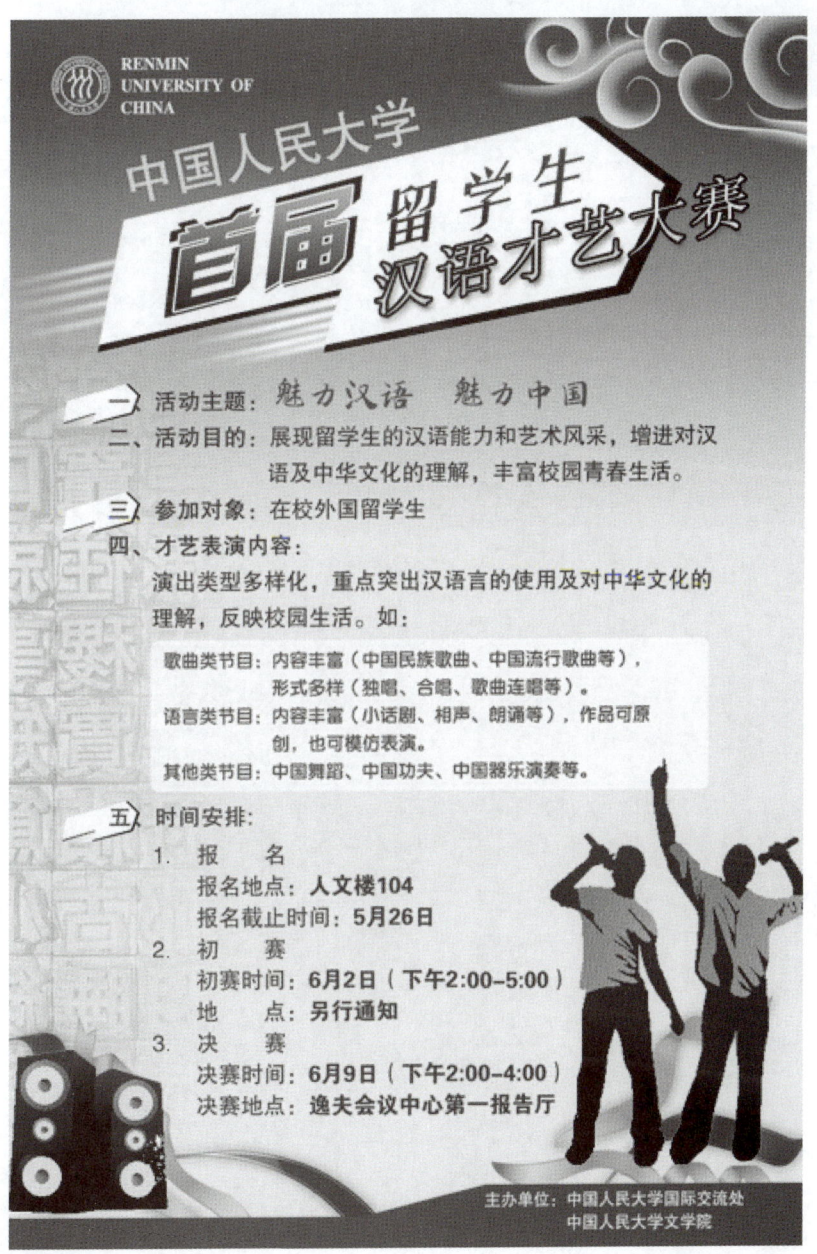

根据海报内容填空。

　　1. 这次活动的参加者是_____。
　　2. 唱歌的形式有_____。
　　3. 最后的决赛时间是_____。

日积月累

(从本课中找出5-8个你觉得有用的词语或句子)

文章一　梁思成的《拙匠随笔》

【细读　约700字】

　　[1] 半个世纪前的北京，无数人忙着拆（chāi）旧建新。建筑学家梁思成明知不能改变这种情况，但还是提起笔来，写了一篇篇通俗易懂的建筑科普①文章，这便是《拙匠随笔》。

　　[2] 文章写得很平实（natural），不像他父亲梁启超②"笔锋常带感情"，但一样为了唤醒（awaken）人心，也为中国文化保存一份尊严。

　　[3] 写《拙匠随笔》时，梁思成心中有"假定（suppose）"的读者：建筑界人士、青年学生、文化爱好者。他想做最基本的科普工作。每写一篇文章，梁思成所花的心血就像建一所房子。在他心中，建筑和语言文字一样，都有"文法"。如在路的尽头（end）的一座影壁③，或横跨街中心的几座牌楼（decorated archway），等等，它们之所以都是中国建筑，具有共同的中国建筑的特性和特色，是因为它们都是中国建筑的"词汇"，是按照中国建筑的"文法"组织起来的。

　　[4] 谈到点缀性（ornamental）的建筑时，他作比较：中国有狮子、影壁、华表④、牌坊，在别的国家也有相似的东西，例如罗马（Rome）的凯旋门（triumphal arch），等等。石狮子不仅在中国有，在欧洲，在巴比伦（Babylon），它们也常常出现在门前。从这些建筑中，可以看到每一个时代、每一个民族都有自己的风格来处理这些相似的东西。

　　[5] 在梁思成看来，建筑是一门综合（comprehensive）的学科，一个建筑师必须同时也是一个美术家。

　　[6] 为了说明建筑中千篇一律（follow the same pattern）与千变万化的关系，梁思成说，舒伯特（Schubert）的《鳟鱼五重奏》⑤中，可以听到"鳟鱼"主题和它不断的变奏（variation）；张择端⑥的《清明上河图》在重复之中，同时还有着无穷的变化；李公麟⑦的《放牧图》，就是无数匹马的重复，就是一首乐曲。有这样理解的人，绝不是"拙匠"，而是"大师"。

　　[7] 梁思成谈建筑，谈的也是艺术，是文化，是真情。

① 科普（kēpǔ）: popularization of science
② 梁启超（Liáng Qǐchāo）: 中国近代史上著名的政治活动家、启蒙思想家、文学家，戊戌变法领袖之一
③ 影壁（yǐngbì）: screen wall
④ 华表（huábiǎo）: ornamental column erected in front of a palace, tomb, etc.
⑤《鳟鱼五重奏》（Zūnyú Wǔchóngzòu）: Trout Quintet　钢琴世界名曲
⑥ 张择端（Zhāng Zéduān）: 北宋著名画家
⑦ 李公麟（Lǐ Gōnglín）: 北宋画家

（选自《南方都市报》，作者李怀宇）

一、根据文章第[3]段内容选择填空。

　　写《拙匠随笔》时，梁思成心中有　1　：建筑界人士、青年学生、文化爱好者。他想做最基本的　2　。每写一篇文章，梁思成所花的心血就像建一所房子。在他心中，建筑和语言文字一样，　3　。如在路的尽头的一座影壁，或横跨街中心的几座牌楼，等等，它们之所以都是中国建筑，具有共同的中国建筑的特性和特色，　4　它们都是中国建筑的"词汇"，是按照中国建筑的"文法"组织起来的。

1.（　　）　A. 假的读者　　B. 假装的读者　　C. 假设的读者　　D. 假定的读者
2.（　　）　A. 建筑工作　　B. 基础工作　　C. 科普工作　　D. 读者工作
3.（　　）　A. 都有"文法"　B. 都有词汇　　C. 都有语言　　D. 都有文字
4.（　　）　A. 之所以　　　B. 是因为　　　C. 因为是　　　D. 那么是

二、根据文章内容选择正确答案。（从ＡＢＣＤ四个选项中选择一个最佳答案）

1. 根据文章可知，梁启超是梁思成的：（　　）
   A. 父亲　　　　B. 同事　　　　C. 朋友　　　　D. 学生

2. 梁思成"文章写得很平实"，意思是：（　　）
   A. 梁思成的文章没意思　　　　B. 梁思成的文章很朴素
   C. 梁思成的文章没有感情　　　D. 梁思成的文章很一般

3. "每写一篇文章，梁思成所花的心血就像建一所房子"，这句话的意思是：（　　）
   A. 梁思成很喜欢建房子　　　　B. 梁思成写文章很认真
   C. 梁思成写文章就是建房子　　D. 梁思成不会干别的

4. 按照梁思成的意思，影壁：（　　）
   A. 是中国建筑的"词汇"　　　　B. 是中国建筑的代表
   C. 是中国建筑的"文法"　　　　D. 不是中国的建筑

5. 每一个时代、每一个民族在建筑上都有一些：（　　）
   A. 相似的东西　　　　　　　　B. 不同的东西
   C. 出名的东西　　　　　　　　D. 有用的东西

三、查字典，说说"拙匠"和"大师"的含义。

文章二　"80后"小夫妻回归田园

【通读　约840字】

　　一杯绿茶，一台笔记本电脑。记者见到张芝伟时，他正躺在路边的吊床（hammock）上，晒着初春的太阳上网。

　　张芝伟与同为"80后"的姑娘张静结婚。一次，张静上山采花时，无意中发现了小天坑这个地方。四周没有人家，却离公路不远；三面环山，却有一块几十亩大小的平地。夫妻俩十分喜欢这个地方，经常到这里爬山、散步、晒太阳。

　　孩子出生后，张芝伟进山居住的想法更加强烈：让儿子避开（avoid）车来车往的马路，吃自己种的菜，喝山上的清泉，自由在山林玩耍，那是一幅多么快乐的画卷啊!

在孩子1岁后,张芝伟带着妻子、背着工具、牵着狗,来到小天坑,开始了新生活。"过田园生活,并不是当'野人',而是过一种有情调(emotional appeal)、高质量的生活。"张芝伟说。进山第一件事,就是架设(erect)电线和网线。然后,建好了木屋。木屋靠着树,3米多高,面积五六平米,每当起风,屋随树动,像荡秋千(play on a swing)。

白天,夫妻俩共同劳动,晚上聊天儿上网。张芝伟不缺钱,但他并不想闲着,于是租下1000亩山林,在里面养鸡、养羊。半年来,在山里投了上百万元。600头羊、1000只鸡,全部放养(breed in a suitable place)。早上开门,鸡和羊自己跑到山上吃草。傍晚,它们又回到圈里(pen, fold)。

年底卖掉大部分山羊,张芝伟收入了几十万元。"养土鸡对我们来说是一种生活情趣。鸡下的鸡蛋,我们吃点儿,再送点儿给朋友。大量的土鸡蛋丢在山里,懒得捡。也不杀鸡吃肉,让它们自然生长。"张芝伟说。

几个月下来,山上的生活慢慢规律起来。闲下来的时候,张芝伟就与妻子一起,在树林里架起吊床,喝茶、上网、聊天儿、乘凉……

去年12月1日起,张芝伟将自己上山以后的生活和感受,发在知名的网络论坛(Internet forum)天涯社区里,受到网友关注。很多网友对他的行为表示反对,认为只是一时冲动(impulse),无法长久。更多的网友则是对张芝伟夫妻的生活表示好奇(curious),从今年1月起,陆续有网友赶来做客。每当网友来,夫妻二人便带他们爬山、野炊,好不快活。

今年,张芝伟准备在山上大片种菜种花,吃喝基本实现自给。同时,还要高标准地建一座真正的"北美木屋",实现梦想。

一、根据文章内容选择正确答案。(从ＡＢＣＤ四个选项中选择一个最佳答案)

1. 记者见到张芝伟时,他正在干什么?(　　)
   A. 睡觉　　　　　　B. 上网　　　　　　C. 聊天儿　　　　　　D. 晒太阳

2. 是谁发现了小天坑这个地方?(　　)
   A. 张芝伟　　　　　B. 张芝伟和张静　　C. 张静　　　　　　　D. 孩子

3. 张芝伟认为,田园生活是过一种什么样的生活?(　　)
   A. 野人的生活　　　B. 自由的生活　　　C. 便宜的生活　　　　D. 有情调的生活

4. "白天,夫妻俩共同劳动,晚上聊天上网",说明他们过得:(　　)
   A. 很累　　　　　　B. 很穷　　　　　　C. 很无聊　　　　　　D. 舒适快乐

二、根据文章内容判断正误。(正确的画"√",错误的画"×")

1. 张芝伟上山生活是因为缺钱。　　　　　　　　　　　　　　(　　)
2. 张芝伟养鸡、养羊挣了上百万元。　　　　　　　　　　　　(　　)
3. 张芝伟将自己上山以后的生活和感受发在天涯社区里。　　　(　　)
4. 很多网友对他的行为表示反对。　　　　　　　　　　　　　(　　)
5. 他们在山上的吃喝基本不用出去买。　　　　　　　　　　　(　　)

三、讨论:"80后"是一些什么样的人?

_____

_____

_____

文章三　电脑与汉字的新生

【通读　约690字】

汉字曾经是亚细亚(Asia)的"孤儿"(orphan)。在过去百年间,从中国到日本、韩国、越南,都有一些反对使用汉字的人,他们觉得只有学习西方,用拼音文字,才能进入现代化,认为难写难认的汉字是国家现代化的绊脚石,必须踢开(kick out)。

终于,越南和韩国告别了汉字,改用拼音文字,日本是汉字和拼音的平假名(hiragana)合一。在中国,汉字就是一个"被鞭打[①]的孩子",有人将中华民族的一切灾难(disaster)都归于汉字。在六七十年代的台湾,当计算机刚刚开始发展的时候,就有一些"归国"学人指出,只有使用英文,才可以在计算机时代生存,中文会成为活化石(living fossil)。

但历史的发展并非如此。正是计算机的出现,焕发了汉字的新生命。由于各种汉字输入(input)法软件的发明,那些复杂的、被认为难学的汉字,一下子变得简单起来。

在香港,流行用仓颉(jié)输入法(input method),字的笔画越多,打得越快,而汉语拼音的输入法加了很多其他功能,只要能发音,就可以打出来,打字的速度也越来越快,一分钟过一百字不是问题,超过了英文打字的速度。

计算机改变了汉字,汉字也改变了计算机。年轻一代,不再用毛笔来写汉字,很多人成为在手机上打字的"拇指族"。

谁也不会想到,汉字会丰富计算机的应用(use, apply),让百年前亚细亚的孤儿,成为今日全球化的宠儿[②]。

互联网40年来,最大的技术变革(change)就是非英文字书写的国际域名[③]获得批准。中文域名,已经可以在全球互联网应用。现在,中国有很多政府单位、企业、个人都使用了中文域名,例如,输入www.时代互联.cn,就会成功找到时代互联的主站www.now.cn;有的外企(foreign company)为了进入中国市场,也使用了中文域名,输入www.谷歌.cn,也同样可以到谷歌的主站。

(选自WEB开发网,作者邱立本)

① 鞭打(biāndǎ): whip

② 宠儿(chǒng'ér): favorite child

③ 域名(yùmíng): DN(domain name)

第 15 课

一、解释下列句中画线部分的意思。

1. 汉字曾经是亚细亚的"孤儿"。
   意思是：＿＿＿＿＿＿＿＿＿＿＿＿＿＿＿＿＿＿＿＿＿＿＿＿＿＿＿＿＿＿＿＿。

2. 难写难认的汉字是国家现代化的绊脚石，必须踢开。
   意思是：＿＿＿＿＿＿＿＿＿＿＿＿＿＿＿＿＿＿＿＿＿＿＿＿＿＿＿＿＿＿＿＿。

3. 在中国，汉字就是一个"被鞭打的孩子"。
   意思是：＿＿＿＿＿＿＿＿＿＿＿＿＿＿＿＿＿＿＿＿＿＿＿＿＿＿＿＿＿＿＿＿。

4. 计算机的出现，焕发了汉字的新生命。
   意思是：＿＿＿＿＿＿＿＿＿＿＿＿＿＿＿＿＿＿＿＿＿＿＿＿＿＿＿＿＿＿＿＿。

二、根据文章内容选择正确答案。（从ＡＢＣＤ四个选项中选择一个最佳答案）

1. 在过去百年间，从中国到日本、韩国、越南，反对使用汉字的人士认为：（　　）
   A. 汉字不难写　　　　　　　　　　B. 汉字难写难认
   C. 用汉字有利于国家现代化　　　　D. 拼音文字不好

2. 在亚洲，改用拼音文字的国家是：（　　）
   A. 中国和日本　　　　　　　　　　B. 日本和韩国
   C. 越南和韩国　　　　　　　　　　D. 日本和越南

3. 在六七十年代的台湾，一些"归国"学人曾经预言：（　　）
   A. 计算机时代只有拼音文字可以生存　B. 中文将会灭亡
   C. 中文在计算机世界里会被淘汰　　　D. 中文将会成为活化石

4. 仓颉输入法的特点是：（　　）
   A. 打字的速度越来越快　　　　　　B. 一分钟打一百字不是问题
   C. 只要能发音，就可以打出来　　　D. 字的笔画越多，打得更快

5. 互联网40年来的最大技术变革是：（　　）
   A. 英文字符书写域名不再使用　　　B. 中文域名发明成功
   C. 中文域名成功应用　　　　　　　D. 非英文字符书写的国际域名可以使用

文章四　香港为什么不堵车

【略读　约600字　参考时间：7分钟】

　　细细想来，这好像是个不成立的问题。香港不堵车吗？当然不。

　　在香港采访（cover, interview），常常要在连接香港和九龙的海底隧道（submarine tunnel）中穿过。一旦开始堵车，想到自己身处冰冷海水下的一处管道里，顿时就觉得有点儿可怕，觉得时间变得那么漫长。

　　而在打折（discount）季的傍晚，海港城门前，慢慢行进的车子常常就慢了下来，即使是奔驰宝马，也得规规矩矩地蜗（snail）行，仿佛在无声地

说，香港是大城市，自然也会有大城市都要面对的"城市病"。堵车，在香港也是难免的。

毕竟，这是香港，总面积1,070平方公里，但80%以上都是山地。总人口超过700万，还不计每天从各个口岸、机场和码头涌入的过客。根据香港政府年报，香港公路全长2,050公里，私家车393,812辆，政府车辆6,276辆，还有超过5,400辆公共巴士、435辆小巴、7,066辆巴士和超过18,000辆出租车，共计584,070部电动车。计算起来，人均道路不足0.3米。每公里道路上车辆达285辆。所以，从数据上看，香港不堵车是不可能的。

但事实上，和内地的许多城市比起来，香港的交通状况实在好得太多。在香港，堵车的概念和内地并不一样，通常只是车流量大，只能缓缓前行，而不是内地的"堵死了，一动不动"。如果出现类似内地的大堵车情况，港府会受到市民批评的。因此，除了上下班高峰时期，香港道路基本畅通。

用香港交通规划专家黄良会的话来说，"一个正常社会的市民，必须拥有出行的权利和方便。而政府的责任就是保证每一个市民生活都能维持一定的水准。在交通问题上，香港政府近年来做到了这一点"。

根据文章内容选择正确答案。（从ＡＢＣＤ四个选项中选择一个最佳答案）

1. 文中作者把香港的交通和哪里比较？（   ）
    A. 台湾　　　　B. 澳门　　　　C. 中国内地　　　　D. 欧洲
2. 实际上香港有没有堵车情况？（   ）
    A. 经常有　　　B. 打折的时候有　　C. 没有　　　D. 不知道
3. 作者认为香港政府对于交通管理做得怎么样？（   ）
    A. 做得很好　　B. 做得不好　　C. 比内地差　　　D. 比内地好

文章五　老国货的前世今生

【略读　约840字　参考时间：8分钟】

● 回力鞋

原产地：上海

前世：1935年注册，为中国最早的胶底鞋（rubber-soled shoes）品牌。上世纪80年代，拥有一双回力鞋，在青少年中是潮流的标志。

今生：国内市场尚有一定份额（share, portion），成为大众化品牌。由于价格低廉和耐磨，经常成为农民工的工作用鞋。在欧洲、东南亚，回力鞋售价为国内的20倍。

● 美加净

原产地：上海

前世：上世纪60年代诞生于上海，创造了诸多中国第一：中国第一支防晒霜（sun cream）、第一支定型护手霜……1990年，中国化妆品市场总额40亿元，美加净占到3亿元。

今生：在国际化妆品巨头纷纷进入中国的强大压力下，美加净一路不顺。中国化妆品市场总额已经增长到340亿元，而美加净仅仅占据了不到3%。

● 健力宝

原产地：广东

前世：1984年诞生于三水市酒厂。1984年，作为中国奥运会代表团在洛杉矶奥运会上的指定饮料，成为中国民族饮料第一品牌。

今生：健力宝的发展过程已成为中国商界教科书的必选课程之一。如今的健力宝还在生产销售，但在饮料界的激烈竞争中早已风光不再。

● 飞鸽自行车

原产地：天津

前世：1950年诞生于天津市自行车一厂，为中国第一辆自主设计制造的自行车。在计划经济时代，一辆飞鸽自行车就是姑娘出嫁的最好嫁妆（dowry）。

今生：经过自行车产业的国退民进，几次重组后，飞鸽年产上百万辆自行车。然而，天津的自行车产业已是一个私营企业占据绝对优势的产业，飞鸽所占的份额只有1%多一些。

● 英雄钢笔

原产地：上海

前世：1958年，上海英雄钢笔厂提出"英雄赶派克（Parker）"的口号。第二年，在抗漏、减压、耐高温等12个指标中，英雄钢笔有11个方面超过了派克笔。上世纪80年代末，英雄钢笔在国内市场居于垄断地位，占有钢笔行业80%以上的市场。1997年，它成为香港回归仪式上的签字笔。

今生：文革后，英雄钢笔的质量被派克笔远远抛下。如今的英雄钢笔每年销售额仅2亿元左右，而假冒英雄钢笔却达8亿元以上。

● 小霸王学习机

原产地：广东

前世：1987年诞生于广东中山小霸王电子工业有限公司。小霸王陪伴了一代人的成长。在中国学习机市场一时占到80%的份额，年产值10亿元。

今生：现在的小霸王经营多种机械电子产品，早已非一线品牌。

根据文章内容回答问题。

1. 文章中"国货"是什么意思？

2. 文章中提到了哪些老国货？

3. 文章中的"前世"是什么意思？"今生"是什么意思？

（一）新HSK简介

【查读　约590字　参考时间：7分钟】

新HSK是一项国际汉语能力标准化考试，重点考查汉语非第一语言的考生在生活、学习和工作中运用汉语进行交际的能力。

新HSK分笔试和口试两部分，笔试和口试是相互独立的。笔试包括HSK（一级）、HSK（二级）、HSK（三级）、HSK（四级）、HSK（五级）和HSK（六级）；口试包括HSK（初级）、HSK（中级）和HSK（高级），口试采用录音形式。

笔试
HSK（六级）
HSK（五级）
HSK（四级）
HSK（三级）
HSK（二级）
HSK（一级）

口试
HSK（高级）
HSK（中级）
HSK（初级）

新HSK各等级与《国际汉语能力标准》《欧洲语言共同参考框架（CEF）》的对应关系如下表所示：

新HSK	词汇量	国际汉语能力标准	欧洲语言共同参考框架（CEF）
HSK（六级）	5000及以上	五级	C2
HSK（五级）	2500		C1
HSK（四级）	1200	四级	B2
HSK（三级）	600	三级	B1
HSK（二级）	300	二级	A2
HSK（一级）	150	一级	A1

通过HSK（一级）的考生，可以理解并使用非常简单的汉语词语和句子。通过HSK（二级）的考生，可以用汉语就熟悉的日常话题进行简单的交流。通过HSK（三级）的考生，可以用汉语完成生活、学习、工作等方面的交际任务。通过HSK（四级）的考生，可以比较流利地与汉语为母语者进行交流。通过HSK（五级）的考生，可以阅读汉语报刊，欣赏汉语影视节目，用汉语演讲。通过HSK（六级）的考生，可以轻松理解汉语信息，用汉语流利地表达自己的见解。

考试结束后3周内，考生可以通过网络查询到本人的汉语考试成绩并将获得由"国家汉办"颁发的新HSK成绩报告。

具体新HSK的相关内容，请链接 http://www.chinesetesting.cn。

根据文章内容选择正确答案。（从ＡＢＣＤ四个选项中选择一个最佳答案）

1. 新HSK考试分为：（   ）
   A. 笔试和口试两部分　　　　B. 口试和听力两部分
   C. 听力和写作两部分　　　　D. 笔试和听力两部分

2. 笔试包括：（   ）
   A. HSK（高级）　　　　　　B. HSK（中级）
   C. HSK（初级）　　　　　　D. HSK（1-6级）

3. 考试结束后什么时候可以查到成绩？（   ）
   A. 3周内　　　B. 3天内　　　C. 3个月内　　　D. 马上

（二）北京西到三亚（T201次）列车时刻表

【查读　约410字　参考时间：8分钟】

车站	到站时间	发车时间	运行时间	里程
北京西（北京）		18:10	0秒	0公里
石家庄（河北，石家庄）	20:29	20:38	2小时19分钟	277公里
郑州（河南，郑州）	23:50	23:54	5小时40分钟	689公里
武昌（湖北，武汉，武昌）	04:21	04:27	10小时11分钟	1225公里
长沙（湖南，长沙）	07:41	07:47	13小时31分钟	1587公里
郴州（湖南，郴州）	11:06	11:08	16小时56分钟	1920公里
韶关东（广东，韶关东）	12:42	12:44	18小时32分钟	2073公里
广州（广东，广州）	14:56	15:11	20小时46分钟	2294公里
佛山（广东，佛山）	15:36	15:38	21小时26分钟	2316公里
肇庆（广东，肇庆）	16:52	16:54	22小时42分钟	2403公里
茂名东（广东，茂名东）	19:46	19:48	25小时36分钟	2665公里
湛江西（广东，湛江，湛江西）	21:25	21:27	27小时15分钟	2782公里
徐闻（广东，湛江，徐闻）	22:44	22:46	28小时34分钟	2895公里
海口（海南，海口）	01:46	01:58	31小时36分钟	3088公里
东方（海南，三亚，东方）	03:52	03:55	33小时42分钟	3294公里
三亚（海南，三亚）	05:12		35小时2分钟	3451公里

根据上面的表格填空。

1. 北京西到三亚一共有_____公里。
2. 北京西到三亚，途中经过_____个省市。
3. T201次列车从北京西出发到三亚需要_____（时间）。

（从本课中找出5-8个你觉得有用的词语或句子）

《发展汉语》(第二版)
基本使用信息

教 材	适用水平	每册课数	每课建议课时	每册建议总课时
初级综合（I）	零起点及初学阶段	30课	5课时	150-160
初级综合（II）	零起点及初学阶段	25课	6课时	150-160
中级综合（I）	已掌握2000-2500词汇量	15课	6课时	90-100
中级综合（II）	已掌握2000-2500词汇量	15课	6课时	90-100
高级综合（I）	已掌握3500-4000词汇量	15课	6课时	90-100
高级综合（II）	已掌握3500-4000词汇量	15课	6课时	90-100
初级口语（I）	零起点及初学阶段	23课	4课时	92-100
初级口语（II）	零起点及初学阶段	23课	4课时	92-100
中级口语（I）	已掌握2000-2500词汇量	15课	6课时	90-100
中级口语（II）	已掌握2000-2500词汇量	15课	6课时	90-100
高级口语（I）	已掌握3500-4000词汇量	15课	4课时	60-70
高级口语（II）	已掌握3500-4000词汇量	15课	4课时	60-70
初级听力（I）	零起点及初学阶段	30课	2课时	60-70
初级听力（II）	零起点及初学阶段	30课	2课时	60-70
中级听力（I）	已掌握2000-2500词汇量	30课	2课时	60-70
中级听力（II）	已掌握2000-2500词汇量	30课	2课时	60-70
高级听力（I）	已掌握3500-4000词汇量	30课	2课时	60-70
高级听力（II）	已掌握3500-4000词汇量	30课	2课时	60-70
初级读写（I）	零起点及初学阶段	15课	2课时	30-40
初级读写（II）	零起点及初学阶段	15课	2课时	30-40
中级阅读（I）	已掌握2000-2500词汇量	15课	2课时	30-40
中级阅读（II）	已掌握2000-2500词汇量	15课	2课时	30-40
高级阅读（I）	已掌握3500-4000词汇量	15课	2课时	30-40
高级阅读（II）	已掌握3500-4000词汇量	15课	2课时	30-40
中级写作（I）	已掌握2000-2500词汇量	15课	2课时	30-40
中级写作（II）	已掌握2000-2500词汇量	15课	2课时	30-40
高级写作（I）	已掌握3500-4000词汇量	12课	2课时	30-40
高级写作（II）	已掌握3500-4000词汇量	12课	2课时	30-40

图书在版编目(CIP)数据

中级阅读. 2 / 徐承伟编著. — 2版. — 北京：北京语言大学出版社，2012.1（2024.4重印）
（发展汉语）
ISBN 978-7-5619-3197-4

Ⅰ.①中… Ⅱ.①徐… Ⅲ.①汉语—阅读教学—对外汉语教学—教材 Ⅳ.①H195.4

中国版本图书馆CIP数据核字（2011）第238088号

书　　名：	发展汉语（第二版）中级阅读（Ⅱ）
责任印制：	邝　天

出版发行：北京语言大学出版社
社　　址：北京市海淀区学院路15号　　邮政编码：100083
网　　址：www.blcup.com
电　　话：发行部　010-82303650 / 3591 / 3651
　　　　　编辑部　010-82303647 / 3592
　　　　　读者服务部　010-82303653 / 3908
　　　　　网上订购电话　010-82303668
　　　　　客户服务信箱　　service@blcup.net
印　　刷：北京鑫丰华彩印有限公司
经　　销：全国新华书店

版　　次：2012年1月第2版　　2024年4月第13次印刷
开　　本：889毫米×1194毫米　　1/16
印　　张：8.5
字　　数：197千字
书　　号：ISBN 978-7-5619-3197-4 / H·11243
定　　价：29.00元

PRINTED IN CHINA

凡有印装质量问题，本社负责调换。售后QQ号1367565611，电话010-82303590